그리스도가 입으시고
우리에게 입혀주신 의의 옷,
# 전신갑주

The Whole Armor of God:
How Christ's Victory Strengthens Us for Spiritual Warfare

Copyright © 2019 by Iain M. Duguid
Published by Crossway
a publishing ministry of Good News Publishers
Wheaton, Illinois 60187, U.S.A.

This edition published by arrangement with Crossway through rMaeng2, Seoul, Republic of Korea.
All rights reserved.

This Korean Edition Copyright © 2021 by Word of Life Press, Seoul, Republic of Korea

이 한국어판의 저작권은 알맹2를 통하여
Crossway와 독점 계약한 생명의말씀사에 있습니다. 신 저작권법에
의하여 한국 내에서 보호 받는 저작물이므로 무단 전재와 무단 복제를 금합니다.

# 전신갑주

ⓒ 생명의말씀사 2021

2021년 9월 30일 1판 1쇄 발행
2021년 11월 1일　　　 2쇄 발행

펴낸이 | 김창영
펴낸곳 | 생명의말씀사

등록 | 1962. 1. 10. No.300-1962-1
주소 | 서울시 종로구 경희궁1길 6 (03176)
전화 | 02)738-6555(본사) · 02)3159-7979(영업)
팩스 | 02)739-3824(본사) · 080-022-8585(영업)

기획편집 | 김민주, 김자윤
디자인 | 조현진
인쇄 | 예원프린팅
제본 | 정문바인텍

ISBN 978-89-04-16772-2 (03230)

저작권자의 허락없이 이 책의 일부 또는 전체를
무단 복제, 전재, 발췌하면 저작권법에 의해 처벌을 받습니다.

그리스도가 입으시고
우리에게 입혀주신 의의 옷,

# 전신갑주

이언 두기드 지음
이대은 옮김

생명의말씀사

## 추천사

"이언 두기드의 또 다른 위대한 주석서이다. 쉬운 문체로 하나님의 전신 갑주를 하나씩 풀어가며, 그의 잘 알려진 주석 기술뿐 아니라 목회에 관한 탁월한 식견을 보여준다. 이는 오랜 목회 사역과 더불어 영적 고전들에 정통함에서 나오는 것이다."

_ **팀 켈러**, 뉴욕시 리디머장로교회 설립 목사,
리디머 씨티투씨티 의장겸 공동 설립자

"구약학자의 보기 드물게 쉽고 매력적인 책이다! 악한 대적의 지속적이고 실제적인 활동에 대해 믿고 있는 저자는, 목회적 지혜와 성경적 분별력으로 영적 전쟁에 관해 집필했다. 우리가 싸우는 전투나 하나님이 우리에게 갖춰주신 갑주는 사도 바울의 상상이 아니라 구약의 오랜 서사에 깊이 내재한 것이며, 주 예수님이 직접 그 적에 맞서서 우리를 위해 갑주를 실전 검증하셨다. 이 사실을 잘 알고 있는 저자를 통해 이렇듯 정말 긴요한 책이 나왔다. 모든 그리스도인이 활용해야 할 전투 매뉴얼이자 모든 목사가 따라야 할 지침서다."

_ **싱클레어 B. 퍼거슨**, 리폼드신학교 조직신학 특임교수,
리고니어 미니스트리 티칭 펠로우

"군인들이 꾸는 전형적인 악몽이 있다. 무기와 전투복을 챙기지 못한 채로 전쟁터에 내던져지는 꿈이다. 이언 두기드는 수십 년의 학문과 목회 사역으로부터 왜 그리스도가 우리의 무기가 되시는지, 그리고

역설적이지만 어떻게 그분이 이미 성취하신 승리를 통해서만 우리가 영적 전쟁에서 승리할 수 있는지 설명한다. 또한 그 과정에서 우리가 어떻게 전투의 승리자로 살 것인가에 대한 넓은 시야를 열어준다. 개인, 가족, 그룹 성경 공부용으로 강력하게 추천한다."

_ **마이클 호튼**, 캘리포니아 웨스트민스터신학교 조직신학 및 변증법 석좌교수,
『*Justification(New Studies in Dogmatics)*』 저자

"이언 두기드가 에베소서 6장 10-20절을 충실하면서도 쉽게 다룬 이 책을 기쁜 마음으로 추천한다. 강력하고, 복음으로 충만하며, 그리스도를 높이고, 제자를 세우는 글이다. 우리를 그리스도가 보증하시고, 성경이 정의하고, 성령님이 전하시는 '하나님의 전신갑주'로 완전무장한 그리스도의 군사가 되도록 열정적으로 부르고 있다."

_ **해리 L. 리더 3세**, 앨라배마주 버밍엄 브라이어우드장로교회 담임 목사,
『*From Embers to a Flame*』, 『*3D Leadership*』,
『*The Leadership Dynamic*』 저자

"나는 이언 두기드가 허용하지 않는 몇 가지 때문에 그의 주석을 좋아한다. 그는 우리가 허탕 치게 만들거나 적당히 타협하게 두는 법이 없다. 두기드는 성경이 우리에게 요구하는 모든 것에 복음이 숨겨져 있음을 보고, 이 주석에서 우리를 구세주의 손에 맡긴다. 저자에게 무엇을 더 요구하겠는가?"

_ **데일 랄프 데이비스**, 사우스캐롤라이나주 제일장로교회 전 전속 사역자,
『*The Word Became Fresh*』 및 『*The Message of Daniel*』 저자

## The Whole Armor of God

목차

추천사 / 04

1 전투를 위한 옷차림 / 08
2 진리의 허리띠 / 30
3 의의 호심경 / 50
4 복음의 신 / 70
5 믿음의 방패 / 90
6 구원의 투구 / 108
7 성령의 검 / 128
8 항상 기도하라 / 150

감사의 말 / 172

# 1
# 전투를 위한 옷차림

에베소서 6:10-13

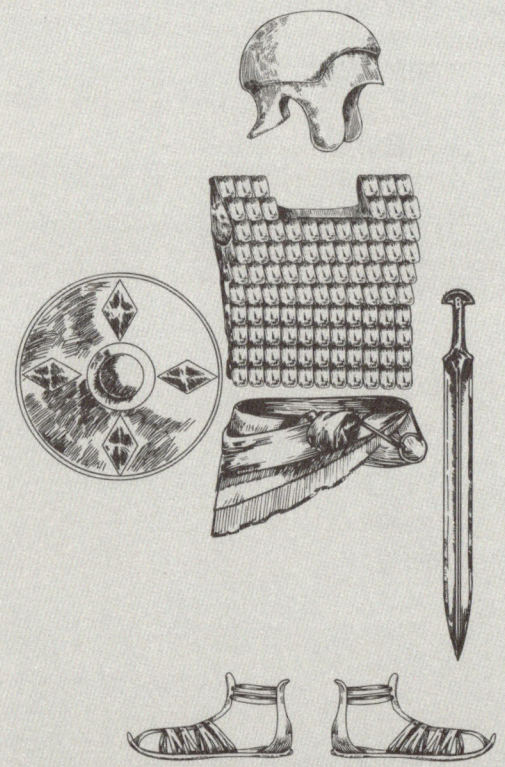

최근 몇 년간, 사람들이 옷을 잘 입도록 돕는 취지의 텔레비전 프로가 많이 생겼다. 사람들이 전문가의 도움으로 결혼식에 맞는 복장을 고르는 모습을 지켜보는 프로그램도 있다. 하지만 보통은 패션 감각이 형편없이 떨어지는 사람이 패션 전문가들과 상당한 지출에 힘입어 완전히 변신하는 식이다. 옷의 유행에 문외한인 나로서는 그런 프로그램들이 대단히 흥미로웠다. 그런데 나는 육 개월 정도가 지난 후를 다루는 후속 프로그램을 보고 싶다는 생각이 들었다. 그 사람들의 삶은 패션에 대한 새로운 통찰력으로 완전히 변화되었을까? 아니면 늘어난 스판덱스 바지에 양말 위에 샌들을 신고 다니던 예전의 습관으로 다시 돌아가고 말았을까?

기독교는 사람이 제대로 옷을 갖춰 입도록 돕는다. 물론 미적 감각에 관해서 하는 말이 아니다. 유행에 반하는 죄를 저질렀다고 그리스도인 공동체에서 비난받지는 않는다. 하지만 텔레비전 프로그램에서 하듯이, 바울은 에베소 교인들에게 그리스도인이 반드시 벗어야 할 것들과 반드시 입어야 할 것들이 있다고 조언한다. 보다 구체적으로, 바울은 우리에게 그리스도의 갑주를 입으라고 말한다. 그래야 이 타락하고 영적으로 위험한 세상에서 피할 수 없는 공격에 대응할 적절한 장비를 갖추게 된다고 말이다.

이 땅에서 삶은 어렵다. 그것도 때로는 아주, 아주 어렵다. 성경에 따르면 삶은 소풍이 아닌 **전쟁**이다. 즉 강력한 대적에 맞서기 위한 무장을 갖춘 싸움이다. 이 전쟁에 제대로 나서기 위해서는 우리가 입고 있는, 편하지만 약하고 적절하지 않은 복장을 전투에 적합한 갑옷과 무기로 대체하는 영적인 변신이 필요하다. 그래서 바울은 복음으로 충만한 편지, 에베소서를 삶의 전투에 나서도록 바르게 준비하라는 마지막 지시로 끝맺음하고 있다.

이 책에서 우리는 바울이 설명한 갑주를 하나씩 분석하려고 한다. 하지만 먼저 더 큰 싸움이 무엇인지 파악할 수 있도록 다음 세 가지 관점에서 살펴보자. 즉 우리 부족함의 정도, 하나님의 공급의 광대함, 서 있으라는 부르심이다.

우리의 부족함

바울은 우리를 공격하는 세력이 얼마나 만만찮은 적인지 묘사하는 데 수고를 아끼지 않는다. 우리는 혈과 육이 아닌, 통치자들과 권세들과 이 어둠의 세상 주관자들을 상대로 씨름한다(엡 6:12). 이 말이 무섭게 들리는가? 바울이 그렇게 의도했기 때문이다. 마귀는 매우 실재적이면서도 강력한 적이다. 우리 힘으로는 도저히 감당하기 어려울 정도로 강하다. 이 사실은 마귀라는 개념을 비웃는 경향이 있는 서구권 사람들에게 경종을 울린다. 많은 사람이 우리가 보고 느끼고 만질 수 없는 어떤 영적 존재가 이 세상에 악을 조장한다는 개념을 받아들이는 데 어려움을 느낀다. 물론 그 존재를 믿지 않는 사람들이 떠올리는 마귀란, 보통 발굽과 뿔이 달린 우스꽝스러운 모습이다. 누가 그런 존재를 진지하게 믿을 수 있겠는가? 사람들이 마귀의 존재를 믿지 않는다면 마귀에게는 편리한 일이다. 그러면 아무런 의심도 받지 않고, 들키지도 않으면서 자신의 사악한 음모를 추진할 수 있기 때문이다.

하지만 과연 누가 이 땅에 있는 악의 실체를 의심하겠는가? 대부분의 사람이 어떤 일은 그저 비극적이기만 한 것이 아니라 순전히 악하다는 점에 동의할 것이다. 수백만의 유대인을 폴란드의 강제 수용소에서 독가스로 죽인 일은 악이다. 아프리카의 어린이들을 강제 징집해 마약에 취하게 한 뒤 전쟁터로 보내는 일은 악이다. 성 산업에 만연한 여성 인신매매는 악이다. 세상의 이 모든 악은 도대체 어디서 온 것인가? 인간 본연의 비인간성은 이 정도 규모의 악을 설명하기에 충분하지 않아 보인다. 이 모든 도덕적 타락에는 또 다른 요소인 초자연적인 영적 영역이 작용한다는 설명이 가능하지 않을까? 당신 주위에 보이는 우주가 전부라고 믿는다면, 당신은 악에 대해 충격받거나 분노할 합리적 이유가 전혀 없다. 그런 경우 우리가 '악'이라고 부르는 것은 그저 진화 생물학에 근거하여, 위험한 대상에 대한 우리 내면의 감정적 반응으로 해석되어야 한다. 하지만 성경은 우리가 속한 이 슬픈 세상에 대해 더 풍부하고 깊이 있는 해석을 내놓는다. 이 해석은 악의 뿌리 깊은 실재와 더불어 악이 다양한 형태로 끊임없이 재등장하는 이면에는 보이지 않는 영적인 힘이 있다는 사실을 깨닫게 한다.

바울이 편지를 쓴 에베소 사람들은 현대의 물질주의자들이 아니다. 에베소 사람들은 자신 주위에 있는 영적인 힘을 매우 잘 인식하는 사람들이었고, 지금도 영적 세계에 민감하게 살아가는 사람들이 있다. 하지만 바울은 그런 그들에게도 우리가 직면한 반대 세력의 힘을 강조한다.

> 우리의 씨름은 혈과 육을 상대하는 것이 아니요 통치자들과 권세들과 이 어둠의 세상 주관자들과 하늘에 있는 악의 영들을 상대함이라(엡 6:12).

바울이 여기에서 사용한 몇몇 용어는 에베소에 존재하는 여러 영적 존재에 해당하는 명칭들이었을 것이다. 에베소는 사도행전 19장 18-19절이 밝히는 것처럼 비술의 온상이었다.[1] 이미 사탄의 실재를 확신하고 있는 이들에게 바울은 그들이 마주한 대적자의 능력을 힘주어 강조한다. 그리고 우리 역시 동일한 세력을 마주하고 있다. 베드로의 말을 빌리자면 사탄은 '우는 사자 같이 두루 다니며 삼킬 자를 찾는다'(벧전 5:8).

물론 이러한 불균형에 더해 이 싸움에서 우리는 혈과 육인 반면, 대적은 그렇지 않다는 사실도 있다. 우리는 통치자들과 권세들 또는 세상 주관자들이 아니라 그저 흠 많고 타락한, 혈과 육을 지닌 평범한 인간에 불과하다. 당신은 우리가 이런 전투에 나설 일이 전혀 없다고 생각할지 모른다. 톨킨의 『반지의 제왕』에 빗대면, 이는 호빗이 오크에 맞서는 것과 같다. 공정하지 않은 대결이다. 하지만 우리가 하는 전쟁이 바로 그렇다.

주님의 군대에서 복무하는 것은 하나님께 특별히 헌신한 자들을 위해 따로 마련된 선택사항이 아니다. 선택은 당신이 그리스도인 군인이 되느냐 시민이 되느냐가 아니라, 당신이 준비된 그리스도인 군인이 되느냐 준비되지 못한 군인이 되느냐이다. 그리고 준비되지 못한 혈과 육의 군인은 자신에게 쏟아지는 엄청난 영적 폭력에 맞설 수 없다.

---

1) Clinton E. Arnold, *Power and Magic: The Concept of Power in Ephesians* (Grand Rapids, MI: Baker, 1992), 14.

더욱이 이 싸움은 "이 어둠" 한복판에서 발생한다. 여러 면에서 우리가 사는 어두운 세상은 사탄의 놀이터다. 이 세상에는 우리를 현혹하여 죄로 유인하는 솔깃한 볼거리, 들을 거리, 먹을거리가 넘쳐난다. 우리 주위에는 탐스러운 것들이 즐비하고, 언제라도 우리 육신과 연합할 강력한 유혹들도 많다. 이 땅의 대상들은 우리에게 매우 현실적인 반면에 하늘의 것들은 희미하고 실체가 없는 것처럼 보인다. 게다가 사탄은 유혹하는 자로서 오랜 세월에 걸친 경험으로 어떤 유혹이 우리 각자의 본성을 죄로 가장 잘 이끌지 알고 있다. 그래서 우리를 특정한 형태의 무절제나 자기 의에서 나오는 교묘한 자만에 빠지게 만든다. 우리는 세상과 육신과 마귀라는 강력한 조합을 도저히 당해낼 수가 없다. 그래서 바울은 그저 "혹시 필요할지 모르니 하나님의 갑옷을 잘 챙겨라"라고 말하지 않는다. 오히려 그는 이렇게 말한다.

"너는 그게 꼭 필요하다. 그러니 입어라."

또 사탄은 능숙한 유혹자로서 어떻게 전투의 어려움을 유리하게 이용할지 안다. 나는 어릴 때 "닥터 후"(Dr. Who)라는 공상과학 프로그램을 챙겨보곤 했다. 닥터의 적들 중에서 특히 기억에 남는 것은 바로 사이버맨이다. 이 무시무시한 생체 공학의 결정체들이 "저항은 무의미하다"라고 소리칠 때마다 나는 허둥지둥 소파 뒤로 숨고는 했다. 마찬가지로 마귀는 종종 우리를 겁주어 굴복시키고자 우리에게 소리친다. "저항은 무의미하다!" 마귀는 자신이 가진 것보다 더 큰 힘을 가진 척하며 우리가 도저히 저항할 수 없는 특정한 유혹을 던진다. 그러면서 이렇게 말한다. "어쩔 수 없어. 너는 이렇게 만들어진 거야. 행복하기 위해서 이 죄가 필요하지. 그렇게 씨름해 봐야 무슨 소용이야? 결국 지게 될 거라는 걸 너도 알잖아. 그러니 그냥 지금 포기해."

## 하나님의 공급

이 전략에 맞서기 위해서는 하나님이 우리에게 베푸신 공급이 얼마나 위대한지 이해해야 한다. 바울의 바람은 우리가 마귀의 간계에 맞설 수 있게 되는 것이고, 이를 위해 훨씬 위대한 하나님의 능력을 개략적으로 보여주는 일부터 시작한다. 바울은 대적자의 힘을 소개하기에 앞서 하나님의 능력, 무엇과도 비교 불가한 놀라운 그 능력 안에서 우리는 강하다고 말한다. 바울이 에베소서 6장 10절에서 사용한 단어는 앞서 1장 19절에서 하나님이 그리스도를 다시 살리신 능력을 설명할 때 쓴 헬라어 단어를 반복한 것이다.[2] 즉 우리가 죄와 사탄에 맞

---

2) "그 **힘의 능력으로 강건**하여지고"에는 다음 세 헬라어 단어가 쓰였다. 크라토스(kratos), 이스쿠스(ischus), 엔두나무(endynamoo)

서 싸울 수 있도록 하나님이 주신 능력은 바로 그리스도를 죽은 자 가운데서 살리신 능력과 동일하다.

이는 나사로를 죽은 자 가운데서 살리는 데 필요했던 능력 정도가 아니다(요 11:1-44 참고). 비교하자면 육신이 죽은 자를 살리는 일은 그렇게 대단하지 않다. 하지만 하나님의 능력은 **그리스도**를 죽은 자 가운데서 살리실 정도로 위대하다. 예수 그리스도는 하나님이 죄에 내리신 모든 진노의 무게 아래 죽으시고 장사 되신 분으로서, 그 죄란 나와 당신을 포함한 하나님의 모든 백성이 모든 세대에 걸쳐 지은 죄다. 하나님의 능력은 예수 그리스도를 다시 살리셨을 뿐 아니라 그를 하늘에 올리기까지 하셨다. 그래서 지금 그리스도는 영광 가운데 아버지의 우편에 앉아 계신다. 우리를 대적하는 두려운 힘보다도 더 위대한 진짜 능력이 있다! 우리 안에 계신 그분은 세상에 있는 자보다 크시다(요일 4:4).

### 자기 주도적 성화?

이 깨달음은 맞서 싸우라는 부르심으로 우리를 이끈다. 바울은 "주 안에서와 그 힘의 능력으로 강건하여지고 마귀의 간계를 능히 대적하기 위하여 하나님의 전신 갑주를 입으라"(엡 6:10-11)라고 말한다. 많은 이가 이 말씀을 승리를 거둔 것처럼 행동하라는 요청으로 듣는다. 마치 마귀에 맞서고 간계를 이겨내는 일이 전적으로 우리에게 달려있다는 듯이 말이다. 우리가 하나님의 전신 갑주를 입기만 하면 그로 인해 항상 모든 사탄의 간계에 맞서 굳게 설 수 있어야 한다는 것이다. 이러한 오해는 하나님의 역할을 우리가 그 갑주를 사용할 수 있도록 제공하는 데서 끝으로 생각하고, 이제 그것을 사용할지 말지는 우리에게 달려있다고 본다. 그러는 동안 하나님은 하늘에서 결과를 기다리며 무력하게 지켜보기만 하신다는 식이다.

이런 잘못된 견해가 득세하면 그리스도인들은 두 부류로 나뉜다. 몇몇은 그 갑주를 입고 예수님의 급진적 제자가 되어 영웅적인 삶을 살아간다. 한편 다른 이들은 자신의 부족함 때문에 '패배자' 그리스도인이 된다. 계속해서 마귀의 간교에 당하고, 날마다 죄에 빠지며, 끊임없이 하나님을 실망시키면서 말이다. 실제로 우리 중에도 많은 이가 매일같이 자신이 두 번째 범주에 속한다고 느낀다. 우리는 흔히 갑주를 입기는커녕 갑주가 무엇인지 분명히 파악하는 일조차 하고 싶지 않거나 할 수 없을 때가 있다. 혹자가 말하는 것처럼 성화가 그렇게 단순하다면("갑주를 입기 위해 더 열심히 노력하라!"), 우리는 지금처럼 그리스도인으로 살아가며 실패하거나 넘어지지 않을 것이다. 하이델베르크 요리문답에서 가장 거룩한 사람이라도 이 세상에 살 동안에는 아주 작은 순종을 '겨우 시작했을 뿐'이라고 상기하

는 데는 그만한 이유가 있다.[3]

영적 성장에 관해 이렇게 자아 중심적인 관점을 갖게 되면, 우리는 자신이 죄와 사탄에 맞서 잘 싸우고 있다고 생각하는 순간 필연적으로 자신을 자랑하고 다른 이를 판단하게 된다. 그러니까, **우리**는 하나님의 갑주를 입기로 선택했는데 저들은 잘못된 선택을 했다는 식이다. 한편 우리의 잦은 실수나 우리가 곧잘 세상과 육신과 마귀와 타협한다는 점을 지나치게 의식하면, 우리는 완전히 좌절하고 말 것이다. 결국 우리는 죄와의 싸움에서 승리하면 황홀하고 행복하지만 실패하면 좌절하고 불안해하며 두 극단 사이에서 감정의 롤러코스터를 타는 우리를 발견하게 될 것이다.

사실 하나님의 놀라운 능력은 우리가 그 모든 과정을 책임지는 것처럼 활용할지 말지를 선택할 수 있는 대상이 아니다. 오히려 하나님이 선택하시고 그분의 목적에 따라 부르신 모든 이들의 내부에서 필연적으로 작용하는 무엇이다. 바울은 에베소에 보내는 편지의 서두에서, 하나님이 세상을 창조하시기 전에 그분의 기쁘신 뜻대로 우리를 그 앞에 거룩하고 흠이 없도록 예정하시고 그분의 은혜의 영광을 찬송하게 하셨다는 사실을 일깨운다(엡 1:4-6). 하나님은 그 목적의 성취 여부를 우

---

3) 하이델베르크 요리문답 114문답

리가 결정하도록 내버려두지 않으셨다! 하나님의 강한 능력은 그리스도를 믿는 모든 자에게 역사하셔서 우리가 그분의 영광을 찬양하기 위해 거룩하고 흠 없이 그분께 드려지는 궁극적인 목적을 성취하신다. 바울이 빌립보서 2장 13절에서 말하듯이 우리 안에서 일하시는 분은 **하나님**이시며 그분의 기쁘신 뜻을 위하여 우리에게 소원을 두고 행하게 하신다.

하나님의 강력한 힘은 우리의 영적인 성장을 위해 두 가지 다른 방식으로 역사하신다. 첫째, 그 힘은 우리 외부에서 일어난 것으로, 우리 대신 죄와 사탄을 물리치신 그리스도께서 단번에 이루신 일이다. 둘째는 우리 내부에서 나타나는데, 우리의 마음과 생각을 새롭게 하시는 성령님의 지속적이고 점진적인 역사. 이 두 가지 방식 모두 하나님이 자신의 교회를 성화하는 모든 과정에 걸쳐 처음부터 끝까지 주권자 되신다. 그러므로 마지막 날에 우리 중 누구도 스스로 자랑할만한 것이 전혀 없다.

## 하나님의 갑주는 하나님이 입으신 갑주

하나님의 갑주와 관련하여 이 개념을 자세히 살펴보자. 우리의 성화는 무엇보다도 그리스도가 우리 대신 완성하신 일에 근거한다. 앞으로 살펴보겠지만 하나님의 갑주는 문자적으로 하나님이 입으신 갑주를 뜻한다. 즉 하나님을 위해 디자인되었고 하나님이 이미 착용하신 갑주다. 하나님이 우리를 사탄의 맹렬한 공격에서 보호하시려고 주시는 이 갑주는, 그분이 우리 대신 치르신 결정적인 전투에서 직접 입으신 것이다. 우리는 오직 그리스도가 이미 우리를 위해 쟁취하신 승리에서 오는 능력으로만 사탄에 맞서 싸우고 굳건히 설 수 있다.

그래서 이 갑주 하나하나는 그리스도를 가리킨다. 진리의 허리띠는 이사야 11장 5절에서 메시아적 왕이 몸에 두른 띠다. 의의 호심경과 구원의 투구는 이사야 59장 17절에서 하나님의 전사가 사용하는 무장에서 왔다. 복음을 전할 채비를 한 발이란 이사야 52장 7절에서 메시아 왕국의 도래를 선포하는 자들의 발이다. 또한 창세기 15장 1절에서 하나님이 스스로를 묘사하신 것처럼, 하나님 자신이 믿음의 방패이시다. 그리고 성령의 검, 즉 하나님의 말씀은 이사야 49장 2절에서 약속하신 주님의 종이 사용하는 무기다.

하나님이 우리에게 입혀 주시는 것들은 하나님의 갑주와 다를 바가 없다. 또 그리스도가 우리 영혼의 치명적인 대적인 사탄과 직접 평생에 걸친 전투를 벌이시며 이미 우리 대신 착용하신 것과 같은 갑주이다. 예수님은 멀찍이 떨어져 안락의자에 앉아 전투를 바라보는 장군들과 달리 스스로 그 갑주를 착용하시고 승리를 거두셨다. 당신이 하나님의 갑주를 입도록 부름을 받은 것은 예수님이 앞으로 비슷한 상황에 처하면 그렇게 하실 것이기 때문이 아니다. 예수님이 이미 그렇게 하셨기 때문에, 십자가로 향하는 모든 과정 내내 하나님의 갑주를 입으셨기 때문에 당신도 하나님의 갑주를 입으라는 부름을 받은 것이다. 그분은 이 땅에서 사역하시는 동안 쭉 사탄의 간계에 맞서 굳건히 서셨다. 정욕, 험담, 분노, 교만, 자만, 거짓말, 탐심 등과 같이 우리가 이번 주에 굴복했던 구체적인 유혹들 모두 예수님이 당신 대신 당하시고 이기셨다. 더욱이 예수님은 당신을 위해 승리하고자 생명을 내놓으셨다. 당신의 삶에 성화를 이루시는 성령님이 자유롭게 일하게 하시려고 말이다. 그분이 승리하는 삶을 사시고 죽으시고 부활하셨기 때문에 그리스도를 죽은 자 가운데서 살리신 그 능력이 성령님의 지속적인 사역을 통해 당신과 내 안에서 일하시며, 우리를 영적인 죽음에서 새로운 생명으로 부활시키신다. 하지만 결국 당신의 삶에서 진행 중인 성령님의 사역도 하나님이 우리를 구속하신 첫 번째 사건만큼이나 우리의 통제 아래 있지 않다.[4]

예수님은 요한복음 3장에서 그리스도인이 되는 과정을 출생

---

4) 웨스트민스터 신앙고백서 16.3 참고. "신자들이 선을 행할 수 있는 능력은 결코 그들 자신에게서 나오는 것이 아니라, 전적으로 그리스도의 영으로부터 나온다. 또한 그들이 능히 선을 행할 수 있으려면, 이미 받은 은혜 외에도 그들 안에서 역사하여 자기의 기뻐하시는 뜻을 바라고 행하게 하시는 동일한 성령의 실제적 감화가 필요하다." 이와 유사한 도르트신조 5.4의 내용과 비교해보라.

에 비유하신다. 아기가 태어나는 시간과 환경을 통제할 수 없듯이, 당신을 언제 다시 살리시고 언제 그리스도를 믿는 믿음을 주실지는 하나님이 결정하신다. 아이는 태어난 후에도 자신이 자랄지 말지를 결정할 수 없다. 키가 더 크거나 작기를 기대할지 모르지만, 소망한다고 그렇게 되지는 않는다. 마찬가지로 우리는 영적인 성장 과정을 통제하지 못한다. 우리 안에서 착한 일을 시작하신 하나님이 그리스도 예수의 날까지 **이루실** 것이다(빌 1:6). 그렇다고 우리가 수동적인 존재라는 말은 아니다. 우리 역시 전력을 다해 싸워야 한다. 하지만 우리의 성화는 결국 처음부터 끝까지 하나님이 하시는 일이다.

이러한 관점은 죄와 사탄에 맞서 싸울 때 엄청난 격려가 된다. 우리는 종종 죄에 맞서 씨름하며 혼자 싸우고 있다고 생각한다. 전혀 그렇지 않다. 당신이 죄에 거둔 승리는 예수님께 속한 것이지 당신에게 속한 것이 아니다. 예수님의 싸움이 결정적이었지, 당신의 것은 그렇지 않다. 그분이 십자가에서 거두신 승리로 당신의 온전한 성화, 즉 하나님 앞에서 당신의 궁극적인 거룩을 위한 대가를 치르셨다. 그분의 영이 당신 안에 역사하셔서 당신을 정결하게 하려는 그분의 목적을 향해, 그분이 의도하시는 속도로 당신을 성장시키신다. 당신의 성화는 그분이 계획하신 대로 이루어진다.

다시 말하지만 그렇다고 우리가 죄와 전혀 싸우지 않아도 된다는 뜻은 아니다. 오히려 정반대다. 바울은 우리가 주님의 놀라운 능력으로 사탄과 날마다 목숨을 건 싸움을 치르기를 분명히 기대한다. 갑주와 전투라는 이미지는 죄에 맞선 싸움에는 반드시 피와 땀과 눈물이 수반된다는 사실을 보여준다. 빌립보서 2장 12-13절은 우리 자신의 구원을 이루라고 말한다. **왜냐하면** 하나님이 우리 안에서 일하시기 때문이다. 그리스도가 십자가에서 거두신 죄에 대한 승리는, 죄에 맞서는 당신의 투쟁이 절대 무의미한 것이 아님을 의미한다. 하나님은 궁극적으로 당신을 성화하실 것이다. 하나님이 그렇게 하신다고 약속하셨다. 그 마지막 날 당신은 그리스도 안에서 새로운 생명으로 부활하고 하나님의 임재 앞에 서게 될 것이다. 영원히 온전하게 된 채로 말이다. 죄와 사탄은 결국 당신을 지배하지 못할 것이다.

이 말은 우리가 매일 죄와 사탄과 투쟁하며 좌절하는 고통 속에 있지만, 지금 당장 하나님께 그 과정 가운데 전진하게 해달라고 간청할 수 있다는 뜻이다. 그러면 심지어 죄가 계속해서 우세한 듯이 보이는 삶의 영역에서도 계속 노력할 수 있는 희망이 생긴다. 이는 당신의 삶에서 실제 진전을 보게 될 때 그것이 당신이 이룬 것이 아니라는 사실을 알게 된다는 말이다. 마땅히 당신이 아닌 성령께서 영광을 받으셔야 한다.

우리 약함의 영광

실제로 영광을 추구하다 보면, 우리가 얼마나 약한지를 보여주시기 위해 성령님이 우리에게 통제권을 넘기시는 때가 있다. 히스기야 왕의 일생에서 이런 일을 볼 수 있다. 히스기야는 오랫동안 하나님과 동행하고 하나님이 그에게 베푸신 선함을 많이 보았다. 하지만 역대하 32장 31절에서 하나님은 히스기야의 마음에 무엇이 있는지 들춰내시기 위해 그가 마음대로 하도록 내버려 두신다. 그 결과는 히스기야의 엄청난 죄였다. 그는 교만하게도 바벨론 사절단에게 자신이 앗수르에 맞서는 좋은 동맹이 될 수 있다고 설득하기 위해서 왕국의 모든 금고를 열어 보여준다. 이는 우리의 싸움이 지니는 곤혹스러운 본질을 잘 보여준다. 때로 우리는 하나님이 거룩하시고 죄를 미워하시기 때문에 그분의 주된 뜻을 우리가 죄와 싸우면서 언제나 굳건하게 서는 것으로 생각한다. 하지만 성령님은 우리를 자기 힘으로 설 수 있는 독립적인 존재로 만드는 일에는 관심이 없으시다.[5] 오히려 하나님이 우리에게 힘 주지 않으시면 우리 안에는 하나님의 갑주를 입고 일어설 수 있는 능력이 전혀 없다는 현실을 분명히 보여주기 원하신다. 우리는 '주 안에

---

[5] 존 뉴턴의 서한집(*Select Letters of John Newton*)에서 "남은 죄의 유익"(The Advantages of Remaining Sin) (Edinburgh: Banner of Truth, 2011), 150-155 참고.

서 강건'(엡 6:10)하여지도록 부름을 받았지, 스스로 알아서 강건해지도록 부름 받은 것이 아니다. 혼자 내버려 두면 우리는 분명히 마귀의 간계에 빠질 수밖에 없다. 웨스트민스터 신앙고백서엔 이렇게 쓰여있다.

> 가장 지혜롭고 의롭고 은혜로우신 하나님은 때로 자기 자녀들이 여러 가지 유혹과 그 부패한 마음대로 행하게 내버려 두신다. 이는 그들이 전에 지은 죄를 꾸짖고, 그들의 거짓되고 부패한 마음이 얼마나 강력한 힘을 가졌는지를 깨우쳐 겸손하게 하기 위함이요, 하나님 자신을 더욱 가까이 의지하게 하시고, 더욱 깨어 앞으로 있을 모든 죄에 대비하여, 여러 의롭고 거룩한 목적을 이루기 위해서다.[6]

당신은 이 고백서가 말하는 바를 포착했는가? 의롭고 거룩하신 하나님이 **때로** 자기 자녀를 여러 유혹의 손아귀에 내버려두셔서 그들이 스스로 마음의 부패함을 경험하게 하시는데, 이는 그분의 거룩한 목적들을 위함이다. 하나님은 무엇보다도 우리가 겸손과 하나님의 은혜에 의지하는 것에 성장하기를 열망하신다. 이 고백서는 정확하게 우리의 경험을 묘사하고 있

---

[6] 웨스트민스터 신앙고백서 5.5

다. 우리는 영적으로 승리하는 몇 안 되는 순간보다, 자신의 죄와 실패를 경험하며 죄악된 우리 본성의 부패함, 사탄의 탁월한 기술, 그리스도의 완전한 희생에 대한 우리의 끝없는 필요, 우리 안에서 일하시는 성령님의 지속적인 능력을 배운다. 존 뉴턴이 말했듯이 듣기만 해서는 우리 본질이 얼마나 타락했는지 그 깊이를 깨닫지 못한다. 우리는 호흡만큼 자연스럽고 포기하기 힘든 죄와 투쟁하는 쓰라린 경험을 통해 이 사실을 배운다.[7]

우리의 끝없는 영적 실패보다 사탄의 능력과 하나님에 대한 전적인 의존성을 더 잘 가르치는 것은 없다. 어떤 죄를 포기하겠다고 반복해서 결심하고 금식하고 기도하는데도 여전히 죄에 굴복하는 모습을 보면 내가 정말로 그리스도인 중에 가장 약한 자라고 결론 내릴 수밖에 없지 않은가? 마음속에 솟아나는 불친절하고 교만한 말을 하지 않겠다고 결심하고 또 결심하지만, 여전히 사람들에게 상처를 주고 자기를 높이는 모습을 보면 "오호라 나는 곤고한 사람이로다! 이 사망의 몸에서 누가 나를 건져내랴"(롬 7:24)라고 밖에 달리 뭐라고 하겠는가?

우리의 깨어짐을 분명하고 점진적으로 의식하는 것보다 그리스도의 의로우심을 향한 열정을 고무하는 일은 없다. 내가

---

7) 존 뉴턴, "남은 죄의 유익", 153페이지 참고.

강건하고 그리스도인으로서 잘 살아갈 때는 복음을 하나의 개념으로만 좋아할지 모른다. 하지만 나의 죄 된 본성이 얼마나 깊은지 더 분명히 보게 되면 물에 빠져 죽게 된 사람이 구명 튜브를 붙잡듯 복음에 매달리게 된다. 삶에 남아 있는 죄와 가장 치열하게 싸울 때 우리는, 마지막 날에 성령님의 사역을 완성하실 것과 이 사망의 몸과의 씨름에서 완전히 구원해 주시기를 가장 열망하게 된다.

아직 그리스도를 믿지 않는 사람들은 보통 자신의 죄에 편안함을 느낀다. 그들에게는 사실 투쟁이 없다. 하지만 하나님이 일하기 시작하실 때 사람들은 자기 마음의 추함을 보기 시작하고 자신에게 구원자가 필요함을 인식하기 시작한다. 그들 자신으로부터 그들을 구원해 줄 누군가 말이다. 예수님이 바로 그 구원자이시다. 예수님은 그들 대신 싸우시는 동시에 성령님의 강력한 역사를 통해 그들 안에서, 또한 그들과 함께 싸우시는 분이다.

그리스도인들에게 삶이란 전투다. 예수님은 제자들에게 자기 십자가를 지라고 하셨지(마 16:24), 안락의자를 차지하라고 하지 않으셨다. 우리는 우리보다 힘과 기술이 월등한 적에 맞선 싸움을 하고 있다. 하지만 이 전투는 우리 이름이 승리하는 편 명단에 올라가 있다는 사실을 분명히 알고 싸우는 전투다. 우리는 우리 십자가를 진다. 우리의 구세주가 먼저 자기 십자가를 지셨기 때문이다. 우리는 하나님의 갑주를 입는다. 예수님이 먼저 그 갑주를 입으셨기 때문이다. 결국 우리가 버틴다는 것은 구원의 유일한 희망이신 예수 그리스도께 절실하게 매달린다는 뜻이다. 이렇게 의존하는 신뢰의 태도 안에 참된 승리가 있다. 사탄의 힘과 계략이 아무리 뛰어나도 그리스도를 신뢰하는 자들을 낚아챌 능력은 없다. 그들이 하나님의 자녀이며, 그 아버지는 절대로 자녀를 놓치지 않으시기 때문이다. 아버지께서 그들을 아들의 안전한 손에 맡기셨으며 성령님이 친히 그들 안에 내주하신다.

당신의 구원에 필요한 모든 것은 예수 그리스도께서 성취하셨고, 이제 그분은 그 구원을 이루기 위해 성령으로 당신 안에서 일하고 계신다. 때로 하나님은 당신이 사탄의 계책에 잘 맞서도록 힘을 주셔서 당신 안에 있는 그분의 능력을 증거하신다. 또 때로 그분은 똑같이 중요한 가르침을 주시기 위해 당신이 넘어지도록 허락하신다. 그래서 당신의 약함을 깨닫게 하시고, 약한 자 중에 가장 약한 자를 구원하시고 지탱하시는 그분의 영광스러운 은혜가 충분함을 가르치신다.

그러니 "주 안에서와 그 힘의 능력으로 강건"하라. 하나님이 베푸신 갑주의 보호를 받아 마귀에 맞서라. 온 힘을 다해 선한 싸움을 싸우라. 성령님이 당신에게 주시는 모든 에너지를 다해 씨름하라. 하지만 그렇게 견디고 싸우고 씨름하면서도 그리스도가 이미 승리하셨다는 사실을 신뢰하는 일을 잊지 말라. 그리고 성령님이 당신의 삶에서 완전한 성화의 사역을 이루신다는 확신 가운데 머물라.

### 더 깊은 묵상을 위하여

1. 당신은 삶이 전투라는 사실을 믿는가? 최근에 이 사실을 어떻게 경험했는가?

2. 당신은 이 싸움에서 사탄의 역할이 실제적이라는 사실을 심각하게 받아들이는가? 그렇다면 어려운 상황을 처리하는 방식에 어떠한 영향을 주는가?

3. 사탄은 당신을 어떻게 더 잘 유혹하는가? 마음을 끄는 죄의 매력을 보여주는 방식인가 아니면 당신을 압도하며 위협하는 방식인가? 이런 다양한 유혹을 어떻게 경험했는가?

4. 하나님이 우리에게 갖춰주신 능력이 그리스도를 죽은 자 가운데서 일으키신 능력과 동일하다는 사실이 왜 중요한가?

5. 성화가 처음부터 끝까지 하나님의 일이라는 사실을 정말로 믿는다면 성화의 과정에 어떠한 차이를 만들어 내겠는가? 예수님이 먼저 영적인 갑주를 착용하셨다는 사실이 왜 중요한가?

# 2
# 진리의 허리띠

에베소서 6:14

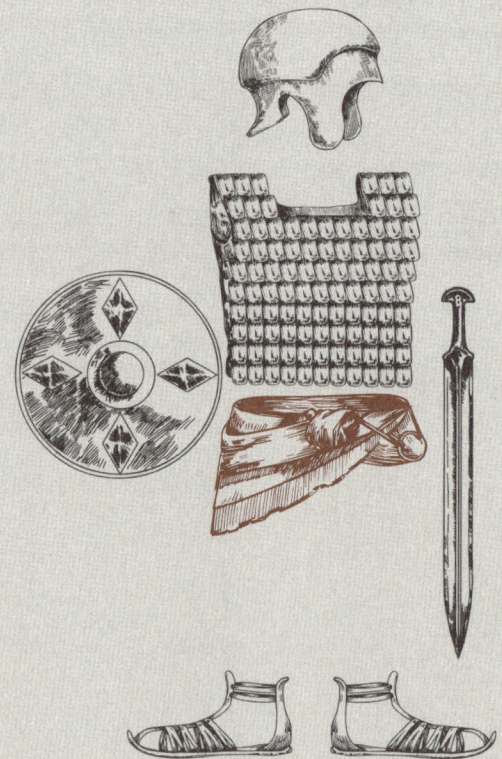

영국인에게는 날씨 이야기를 하고 싶은 열정이 있다. 이러한 버릇이 생긴 이유는 아마도 영국 날씨가 자주 변덕을 부리는 탓일 것이다. 날씨가 맘에 들지 않는가? 조금만 기다려보면 다른 걸 보여줄 것이다. 때로는 단 하루 만에 사계절을 모두 경험할 수도 있다. 에든버러에 살던 시절, 현지인들이 하는 말이 있었는데 이런 기후를 함축적으로 보여주는 내용이었다. 에든버러 성의 성곽에 서서 북쪽을 바라보는데 포스만을 가로지르는 길이 모두 보인다면 곧 비가 오기 시작할 것이다. 길이 보이지 않는다면 아마도 이미 비가 오고 있을 것이다. 그러면 조만간(아마도 머지않아) 에든버러에도 비가 온다고 확신할 수 있다. 따라서 우산을 챙기는 편이 좋다.

바울에 따르면 삶에서도 확실히 일어나는 일이 있는데, 조만간(아마도 머지않아) 당신이 마귀의 공격을 받게 된다는 사실이다. 그리스도인의 삶이란 소풍이 아니다. 삶은 무장한 채로 강력한 대적에 맞서 싸우는 전쟁이다. 따라서 당신은 하나님이 공급하신 갑주를 제대로 입어야 한다.

## 진리의 허리띠로 시작하다

바울은 갑주를 하나씩 나열한다. 그가 그중 첫 번째로 언급한 것은 진리의 허리띠다. 허리띠는 논리적으로도 첫 번째에 나와야 하는데 군인이 무장할 때 가장 먼저 착용하는 장비이기 때문이다. 허리띠는 갑주 아래 있는 다른 모든 옷가지가 흩어지지 않도록 잡아주는 역할을 한다. 당시 사람들은 길고 헐렁한 옷을 입었기 때문에, 달리고 싸울 때 옷이 거치적거리지 않으려면 허리띠를 착용해야 했다. 이를 현대적 이미지로 바꾸어 생각하면 바지가 계속 내려가는 채로는 싸우기 어려운 것과 같다. 즉 허리띠는 모든 군사가 전투력을 제대로 발휘하기 위한 기본인 것이다. 바울에 따르면 하나님의 갑주에서 허리띠에 해당하는 것은 진리다. 진리는 마귀를 대적하기 위한 기본으로서 그리스도인의 삶에 필수적이다.

기독교의 메시지는 **또 하나**의 진리가 아니라 **단 하나**의 진리라고 분명히 주장한다. 오늘날 세상에는 이렇게 말하는 사람이 있다. "당신이 진심이라면 무엇을 믿든 중요하지 않습니다. 당신은 하나님에 관해 이것을 믿고, 나는 저것을 믿을 뿐입니다. 하지만 본질적으로 우리는 모두 같은 하나님을 향해 서로 다른 측면에서 나아가는 것입니다." 하지만 실제로 "당신이 진심이기만 하다면 무엇을 믿든 중요하지 않습니다"라고 말하는 사람은 당신이 하나님에 관해 무엇을 믿든 상관없는 사람이다. 그러나 온 우주와 인간 역사를 목적에 따라 지으신 한 분 하나님이 계시다면, 그래서 사람의 주된 목적이 그 하나님께 영광을 돌리고 그분을 영원히 즐거워하는 것이라면, 당신이 하나님에 대해 무엇을 믿느냐는 것은 가장 중요하고 결정적인 문제가 된다.

성경은 당신이 무엇을 믿는지가 중요하다고 분명히 선포한다. 성경에 따르면 기독교는 하나님께 나아가는 여러 갈래 길 중 하나가 아니다. 기독교는 진리다. 예수 그리스도는 우리가 하나님 아버지께 나아갈 수 있는 유일한 길이다. 베드로 사도는 "다른 이로써는 구원을 받을 수 없나니 천하 사람 중에 구원을 받을 만한 다른 이름을 우리에게 주신 일이 없음이라"(행 4:12)라고 선포한다. 바울도 에베소서 1장 13절에서 비슷한 말을 하는데, 구원의 복음을 "진리의 말씀"이라고 했다. 에베소서 4장 21절에서 바울은 에베소 사람들이 이전에 추종하던 이교도의 삶의 방식과 기독교를 대조하며 "진리가 예수 안에 있는 것 같이 너희가 참으로 그에게서 듣고 또한 그 안에서 가르침을 받았을진대"라고 말한다. 여기에서 바울은 예수님 안에 있는 진리를 공자 안에 있는 진리 또는 이슬람 안에 있는 진리와 대조하지 않는다. 바울은 예수님 안에 있는 진리를 비기독교적 삶의 보편적 특징인 어두워진 지각과 대조한다.

물론 여기에서 바울은 그저 예수님의 말씀을 따르고 있을 뿐이다. "내가 곧 길이요 진리요 생명이니 나로 말미암지 않고는 아버지께로 올 자가 없느니라"(요 14:6). 기독교는 진리를 강력히 주장한다. 그리고 우리가 마귀에 맞서기 위해 허리띠로 삼아야 하는 진리는, 무엇보다도 우리가 믿는 것의 진리다. 즉 하나님이 누구신지, 우리가 누구인지, 하나님이 피조물인 우리에게 요구하시는 것이 무엇인지에 대한 복음의 메시지다. 이 진리는 하나님의 말씀인 성경을 통해 우리에게 계시된다.

### 진리의 허리띠를 매다

허리띠를 옷장에 걸어두면 아무 도움이 되지 않는다. 반드시 착용해야 한다. 마찬가지로 당신이 진리를 그저 성경 안에 두고 사용하지 않는다면 진리는 당신에게 아무런 가치가 없다. 우리는 그것을 착용해야 한다. 성경을 삶과 결부시키는 데 능숙해져야 한다. 야고보가 그가 쓴 편지에서 하는 말을 들어 보라.

> 너희는 말씀을 행하는 자가 되고 듣기만 하여 자신을 속이는 자가 되지 말라 누구든지 말씀을 듣고 행하지 아니하면 그는 거울로 자기의 생긴 얼굴을 보는 사람과 같아서 제 자신을 보

고 가서 그 모습이 어떠했는지를 곧 잊어버리거니와 자유롭게 하는 온전한 율법을 들여다보고 있는 자는 듣고 잊어버리는 자가 아니요 실천하는 자니 이 사람은 그 행하는 일에 복을 받으리라(약 1:22-25).

이야말로 많은 그리스도인이 하루 중 특별히 시간을 구분해서 성경을 읽고 기도하는 이유다. 하나님을 향한 영성을 증명하려는 것이 아니다. 진리를 굳건히 붙잡는 좋은 방법이기 때문에 성경을 읽고 그 진리를 우리 삶에 어떻게 적용할지 씨름하며 기도하는 것이다. 그러한 연구와 기도하는 시간의 척도는 "이 시간이 나에게 따뜻한 행복감을 주었는가?"가 아니다. "이 시간을 통해 내가 진리로 갖춰졌는가? 하나님의 말씀을 더 잘 이해하고 삶에 효과적으로 적용하게 되었는가?"이다.

그래서 당신이 성경을 읽기 위해 시간을 내려고 할 때면 마귀의 방해가 특히 심해진다는 사실을 깨닫게 될 것이다. 마귀는 할 수 있는 한 당신의 주의를 산만하게 만들기 위해, 평소라면 기억하지 못할 온갖 해야 할 일 등을 갑자기 생각나게 한다. 그날 잡혀있는 모든 약속, 할 일 목록에 있는 항목들이 즉시 떠오르고, 인터넷이 갑자기 거부할 수 없을 만큼 끌린다. 당장 이메일을 확인하거나 심지어 운동을 하러 가야겠다고 느끼는 식이다! 이러한 문제가 익숙한가? 마귀는 진리를 미워하며 당신을 진리에서 멀어지게 만들 수 있는 모든 방법을 동원할 것이다. 사실 성경은 사탄이 처음부터 거짓말쟁이였다고 말한다(요 8:44). 처음 아담과 하와가 죄를 짓도록 만든 방법도 거짓말이었다. "하나님이 참으로 너희에게 동산 모든 나무의 열매를 먹지 말라 하시더냐"(창 3:1). 하나님이 실제로 말씀하신 바는 이렇다. "동산 각종 나무의 열매는 네가 임의로 먹되 선악을 알게 하는 나무의 열매는 먹지 말라 네가 먹는 날에는 반드시 죽으리라"(2:16-17). 사탄은 거짓말을 했고 아담과 하와는 그 거짓말을 들었다. 우리 모두가 종종 하듯이 말이다. 그리고 모든 비극적인 결과가 뒤따르게 되었다.

### 진리로 사탄에게 답하다

마귀는 당신이 거짓을 믿도록 설득한다. 그 결과 당신이 진리인 하나님의 말씀과 접촉하는 일을 제한하기 위해 어떤 일도 서슴지 않는다. 마귀가 일단 당신을 진리에서 분리하는 데 성공하면, 뒤틀린 말을 시작한다. "하나님은 사실 네가 잘되는 데 관심이 없으셔. 하나님은 네 기분을 망칠 뿐이야. 그리스도인이 되면 하나님의 법이 너의 자유를 방해하면서 결국 네 삶은 끔찍해질 거야. 죄야말로 참된 행복과 성취감을 주는 길이지." 이것들은 마귀의 거짓말이다. 그리고 이러한 거짓말에 효과적으로 대응할 수 있는 진리는 성경에 있다.

하나님의 법에 순종하면 불행한가? 시편 기자는 반대로 말한다.

여호와의 율법은 완전하여
영혼을 소성시키며

여호와의 증거는 확실하여
우둔한 자를 지혜롭게 하며

여호와의 교훈은 정직하여
마음을 기쁘게 하고

여호와의 계명은 순결하여
눈을 밝게 하시도다

여호와를 경외하는 도는 정결하여
영원까지 이르고

여호와의 법도 진실하여
다 의로우니

금 곧 많은 순금보다

더 사모할 것이며

꿀과 송이꿀보다

더 달도다

또 주의 종이 이것으로 경고를 받고

이것을 지킴으로 상이 크니이다(시 19:7-11).

하나님이 우리가 잘되기를 바라지 않으신다고? 로마서 8장 28-31절이 이에 답하고 있다.

우리가 알거니와 하나님을 사랑하는 자 곧 그의 뜻대로 부르심을 입은 자들에게는 모든 것이 합력하여 선을 이루느니라 하나님이 미리 아신 자들을 또한 그 아들의 형상을 본받게 하기 위하여 미리 정하셨으니 이는 그로 많은 형제 중에서 맏아들이 되게 하려 하심이니라 또 미리 정하신 그들을 또한 부르시고 부르신 그들을 또한 의롭다 하시고 의롭다 하신 그들을 또한 영화롭게 하셨느니라 그런즉 이 일에 대하여 우리가 무슨 말 하리요 만일 하나님이 우리를 위하시면 누가 우리를 대적하리요.

우리는 성경이 주는 진리로 마귀의 거짓에 답하며 마귀의 간계에 굳건히 맞설 수 있다. 하지만 허리띠가 그렇듯이 그 진리가 우리에게 유익이 되기 위해서는 날마다 진리를 새롭게 우리 몸에 둘러야 한다. 우리의 마음은 새는 그릇과 같아서 끊임없이 진리를 놓치기 때문이다. 그래서 우리는 성경에 계시된 하나님의 진리로 날마다 마음을 새롭게 채워야 한다. 그래야 사탄의 거짓말에 맞설 채비를 할 수 있다.

## 진리의 체계

하지만 성경이 우리에게 주는 것은 여기저기 흩어져 있는 진리의 파편들이 아니다. 하나의 온전한 교훈 또는 교리 체계이다. 성경의 각 부분들은 서로 연결되고 밀접한 관련을 맺고 있다. 그래서 그것들을 하나로 모으면 우리가 하나님에 대해 믿어야 하는 것과 하나님이 우리에게 바라시는 것을 가르쳐 준다.

우리 시대에 교리라는 개념은 그다지 인기가 없다. 사람들은 누군가에게 자신이 무엇을 믿어야 하는지, 무엇을 해야 하는지 듣는 것을 좋아하지 않는다. 그리스도인들조차도 다음과 같은 사고방식에 빠질 수 있다. "교리 얘기는 하지 말자." 그들은 말한다. "교리는 우리를 가를 뿐이야. 그 대신 우리 경험을 이야기하는 게 어때. 경험은 우리를 하나 되게 하거든." 불행하게도 이런 사람들이 깨닫지 못하는 사실이 있는데, 그들 역시 하나의 교리를 밀어붙이고 있다는 점이다. 즉 교리는 중요하지 않다는 교리 말이다. 그들의 교리는 경험이 중요하다는 것이다!

결국 당신에게 교리가 없을 수는 없다. 모든 사람이, 심지어 무신론자조차도 하나님이 누구신지 그리고 하나님이 사람에게 원하는 바가 무엇인지에 대한 믿음 체계를 가지고 있다. 당신의 믿음이 혹시 하나님은 당신과 상관이 없고 사람에게 그 무엇도 요구하지 않는다는 것일지 모른다. 아니면 당신은 하나님이 엄격한 심판관이셔서, 절대적이고 즉각적으로 순종하지 않는 이는 누구든지 단번에 처리해 버리는 분으로 생각할지도 모른다. 당신이 무엇을 믿든, 당신이 하나님에 대해서 믿는 바와 하나님이 사람에게 요구하시는 바를 설명할 하나의 교리 체계를 가지고 있다는 사실은 분명하다.

길버트 K. 체스터튼은 이렇게 말했다.

> 사람은 언제나 두 가지 중 하나를 갖고 있다. 즉 완전하고 의식적인 철학 또는 무의식적으로 수용한 불완전하고 종종 신빙성 없는 철학의 파편들이다. …철학은 그저 지금까지 생각되어 온 생각이다. 철학은 종종 엄청나게 따분하다. 하지만 사람

에게는 대안이 없다. 그저 생각되어온 생각의 영향을 받거나 생각된 적이 없는 생각의 영향을 받는 것 둘 중 하나다.[8]

모든 사람에게 자신만의 교리 체계가 있다고 한다면, 핵심 질문은 '당신의 교리 체계는 진리인가?'이다. "하나님은 누구신가?" "하나님이 내게 원하시는 것은 무엇인가?"라는 질문에는 정답도 있고 오답도 있다. 나는 신학대학원 교수로서 많은 시험을 낸다. 안타깝게도 모든 학생이 똑같이 잘하지는 못한다. 일반적으로 학생들의 문제는 자신의 답변에 진지하지 않다는 점이 아니다. 오히려 문제는 학생들이 무언가 완전히 잘못된 것을 진지하게 믿는다는 점이다! 삶도 마찬가지다. 많은 사람이 하나님이 누구신지, 그리고 하나님이 인간에게 원하시는 것이 무엇인지에 대해 틀린 답을 진지하게 믿으며 살아간다. 하지만 사실 그럴 필요가 없다. 하나님은 성경에서 우리에게 그 질문들의 답을 이미 주셨다. 내가 한 시험에서 시험지를 주면서 답이 다 나와 있는 책도 같이 나눠준다고 해보자. 학생 중 이렇게 말하는 사람은 얼마나 될까? "나는 **선생님**의 답에 세뇌당하지 않겠어. 나 스스로 답을 만들고 말겠어." 얼마나 어리석은가! 하지만 얼마나 많은 사람이 이와 비슷하게 하

---

8] G. K. 체스터튼(Chesterton), 『보통 사람 *The Common Man*』 (New York: Sheed & Ward, 1950), 173.

나님이 주신 정답지인 성경책을 무시하고 살아가는가?

하나님이 누구신지, 그리고 하나님이 당신에게 원하시는 바에 대한 당신의 생각은 어디에서 왔는가? 아마도 스스로 그 생각들을 만들어 냈을지 모른다. 아니면 부모님이나 다른 권위 있는 사람이 말해 준 내용을 신뢰할 수도 있다. 당신의 생각이 어디에서 왔든지, 당신에게는 그 생각이 맞는지 그른지 판단할 수 있는 능력이 있다. 성경을 통해 진리에 도달할 수 있기 때문이다! 당신은 무에서 세상을 창조하신, 전능하신 주권자 하나님에 대한 메시지를 발견할 수 있다. 당신은 영원 전부터 존재하시는 하나님이자 우리를 위해 인간의 모습을 취하신 인자, 예수 그리스도에 관한 진리도 배울 수 있다. 당신은 예수님이 사람이 되신 이유도 찾아낼 수 있다. 그분은 우리 대신 완벽한 삶을 사시고 우리 대신 십자가에 죽으심으로 우리로 그분의 완벽한 의를 받을 수 있게 하신 것이다. 우리의 모든 끔찍한 실패와 망가짐은 오히려 그분에게 두신 채로 말이다.

또 성경은 우리에게 천국을 이야기한다. 천국은 하나님이 우리를 위해 완전히 대가 없는 선물로 준비하신 곳이다. 우리가 노력으로 얻을 수 있는 것이 아닌, 다른 이가 우리를 위해 사주신 것이다. 당신은 믿음에 대해서도 배울 수 있다. 믿음은 우리가 그 선물을 값없이 받고, 그 선물을 근거로 새로운 생명까지 얻게 한다. 이 진리의 허리띠가 없으면 당신은 사탄의 간계에 맞설 준비가 되어있지 않은 것이다. 사탄의 교활함과 속임수에 사로잡혀 그의 거짓말에 속게 될 것이다.

### 예수님이 먼저 진리의 허리띠를 착용하시다

하나님의 갑주를 착용한다는 것은 우리가 사탄을 대적하기 위해 무엇이든 옳은 일을 해야 한다는 것이 아니다. 하나님이야 말로 우리가 설 수 있도록 힘을 주시는 분이며, 우리가 필요로 하는 갑주도 근본적으로는 하나님의 갑주이다. 그리고 그 갑주를 예수 그리스도가 우리 대신 이미 착용하셨다. 이는 반가운 소식이다. 왜냐하면 우리는 진리의 허리띠를 기본 복장으로 착용하는 일에 서툰 것이 현실이기 때문이다. 성경이나 복음에 대해서는 온갖 가지를 알면서도 여전히 성경이 드러내는 진리를 잘 깨닫지 못한다. 우리는 때로 성경 공부를 학문 활동으로 바꿔 버리는데, 사투를 벌여야 할 우리 영혼을 준비한다기보다 마치 A 학점을 받으려고 성경을 읽는 것 같다. 또 때로는 성경 본문을 어떻게 다른 사람에게 적용할지는 분명히 알면서도 우리를 쳐서 바로잡는 말씀을 완전히 놓쳐버리기도 한다. 진리에 대한 미약한 우리의 이해는 우리를 구원하기에 전혀 충분하지 않다.

하지만 하나님이 우리 대신 그 싸움에 나서셨다. 이사야 11장을 보면 하나님의 백성 이스라엘이 빛에 등을 돌리고 어둠 안에 살기로 선택하고 주님의 계시를 멸시했음에도 불구하고, 주님은 다윗의 계보에서 메시아를 보내 그들을 구원하시겠다고 약속하셨다. 공의로 허리띠를 삼으며 성실로 몸의 띠를 삼는 왕이 그들을 구하러 오실 것이다(사 11:5). 의미심장하게도 구약성경의 헬라어 번역본에서는 이 '성실'을 **알레데이아**(aletheia)라고 한다. 이는 바울이 에베소서 6장에서 사용한 헬라어 단어와 같은데, 영어 성경은 '진리'로 번역한다.

이 메시아적 왕은 그의 근본인 의로움과 하나님 말씀에 대한 성실로 자기 백성을 구원하시고 최종적인 평화의 복을 주시는데, 그 평화는 창조 세계 전체로 퍼져나간다. 첫 아담이 사탄의 거짓말에 귀 기울인 결과로 나타난 타락의 악한 영향력은 다윗의 계보를 따라 태어난 두 번째 아담에 의해 역전된다. 그분의 근본적인 자질은 진리와 성실이다.

예수님은 광야에서 사탄에게 시험 받으실 때 진리에 대한 의와 성실을 보여주셨다. 사탄은 예수님께 하나님이 그의 필요를 공급하지 않으실테니 돌들을 떡으로 바꾸라고 설득한다. 예수님은 하나님의 진리로 답하신다. "사람이 떡으로만 살 것이 아니요 하나님의 입으로부터 나오는 모든 말씀으로 살 것이라 하였느니라"(마 4:4). 사탄은 예수님께 성전 꼭대기에서 몸을 던져 기적을 행하라고 한다. 예수님은 다시 진리의 말씀으로 응답하신다. "기록되었으되 주 너의 하나님을 시험하지 말라 하였느니라 하시니"(마 4:7). 그러자 사탄은 가장 괘씸한 거짓말을 제시한다. 예수님께 세상의 모든 나라를 보여주며 약속하기를, "만일 내게 엎드려 경배하면 이 모든 것을 네게 주리라"(마 4:9). 세 번째로 예수님은 그 거짓말을 꿰뚫어 보시고 하나님의 진리의 말씀으로 응수하신다. "주 너의 하나님께 경배하고 다만 그를 섬기라"(마 4:10). 예수님은 이미 진리의 말씀을 허리띠로 착용하고 계셨다. 그래서 사탄이 거짓말로 예수님을 공격했을 때 그분은 그 공격을 물리칠 완전한 준비가 되어있으셨다.

이는 우리의 일상 경험과 너무나 다르다. 사탄이 매력적인 대상을 살짝 보여주기만 해도 우리는 그것이 하나님의 말씀과 어긋난다는 사실을 알면서도 그것을 따라간다. 육신의 정욕과 안목의 정욕과 이생의 자랑, 우리의 욕망과 자존심을 채워주는 이 모든 것들이 우리를 유혹하여 너무 쉽게 진리를 떠나 죄에 빠지도록 만든다(요일 2:16 참고). 우리는 허리띠를 단단히 매고 있지 않다. 즉 진리를 성실하게 활용하지 못하는 것이다. 하지만 예수님이 우리 대신 그렇게 하셨다. 예수님이 우리를 위해 성실하게 자신을 진리로 단단히 묶으셨기 때문에 마지막 날 아버지가 우리를 그분의 임재 앞으로 부르실 때, 우리가 성실하지 못했다고 정죄하지 않으실 것이다. 오히려 기뻐하시며 우리를 그리스도의 완벽한 성실로 옷 입혀주실 것이다. 지금도 그리스도는 진리에 대한 완벽한 사랑으로 우리를 옷 입혀주신다. 마치 그것이 우리 것인 듯 말이다. 얼마나 놀라운 진리인가!

그리스도가 우리를 대신해 그분의 의로움을 입혀주셨다는 진리를 굳건히 붙잡을수록 우리는 사탄의 거짓말에 맞설 힘을 얻는다. 창조주 하나님은 우리를 그리스도 안에서 택하시고 부르셔서, 사탄이 우리 앞에 내놓는 그 어떤 보석보다도 값지고 영광스러운 유업을 주신다. 이 하나님이 바로 나의 사랑하는 아버지시며 그분의 완벽한 계획을 따라 우리의 선을 이루시는 분이기에 나는 하나님이 나를 돌보지 않으신다는 사탄의 거짓말에 대답할 말이 있다. 하나님이 내 안에 시작하신 선한 일이 그리스도 예수의 날에 완성된다면, 그 구원을 이루기 위해 내 영혼의 모든 힘과 용기를 다해 지금 순종의 삶을 살아가며 분투할 가치가 있다. 실패가 오히려 회개하는 겸손으로 나를 십자가 앞에 데려다 놓는다면, 그리고 아버지가 돌아오는 탕자를 반기시며 언제나 팔 벌리고 계신다면, 내가 반복한 죄 때문에 하나님이 나를 내쫓으실 거라는 주장은 힘을 잃는다. 우리 허리에 동인 근본적인 진리는 영적 전쟁에서 우리를 서게 할 유일한 존재가 우리 자신이 아닌 예수 그리스도임을 깨닫게 하여 우리가 사탄에 맞설 수 있도록 한다.

그리고 하나님의 갑주, 곧 그리스도의 갑주는 새것 같은 깨끗한 복장이 아니다. 그 갑주는 그분의 싸움으로 이미 피투성이가 되었다. 그리스도의 성실은 최후 승리를 얻으신 십자가까지 내내 그리스도를 이끌었다. 갑주는커녕 벌거벗은 채로 적에게 무방비상태가 될 때까지도 그랬다. 사탄은 십자가에서도 예수님께 거짓말을 던진다. "자칭 유대인의 왕이라 쓰라"(요 19:21-22 참고). 그리고 "네가 만일 하나님의 아들이어든 자기를 구원하고 십자가에서 내려오라"(마 27:39-43 참고). 하지만 예수님은 아버지가 자신을 쉬지 않고 돌보시며 사랑하신다는 귀중한 진리를 끝까지, 심지어 머리 위 하늘이 어두워지며 완전히 버림받은 것 같을 때도 그 진리를 고수하셨다. 그분이 이 땅에서 남긴 마지막 진리의 말씀은 이렇다. "다 이루었다 내 영혼을 아버지 손에 부탁하나이다"(요 19:30, 눅 23:46 참고).

이렇게 진리는 사탄의 거짓말에 최후 승리를 거두었다. 하나님은 사랑하는 자기 아들의 생명을 값으로 치르시고 남자와 여자를 사셨다. 당신의 칭의, 성화, 마지막 영화까지도 그리스도 안에서 성취된다. 그의 순종적인 삶과 신실하신 죽음으로 당신의 마지막 운명은 보장되었다. 그것도 단번에. 당신에게 이 진리만 있다면 사탄의 모든 비진리에 맞서 반박의 여지 없는 답을 내놓을 수 있다. 진리의 허리띠는 당신이 착용해야 할 기본이다. 진리를 착용하고 매어라. 밤낮 진리 안에 거하라.

그리스도 안에 있는 이 진리가 사탄의 강력한 거짓말의 지배에서 당신을 자유롭게 할 것이다.

**더 깊은 묵상을 위하여**

1. 왜 진리가 그리스도인의 삶에서 그렇게 중요한가?
2. 무엇이 당신이 진리에 접근하고 진리를 믿는 일을 방해하는가?
3. 왜 예수님이 이 땅에서 사는 동안 진리를 사랑하시고 믿으셨다는 사실이 중요한가?
4. 하나님에 대해, 자신에 대해, 그리고 복음에 대해 당신이 지금 붙잡고 기억해야 하는 진리는 무엇인가?

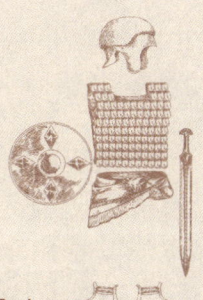

The Whole Armor of God

# 3
# 의의
# 호심경

**이사야 59:12-21, 에베소서 6:14**

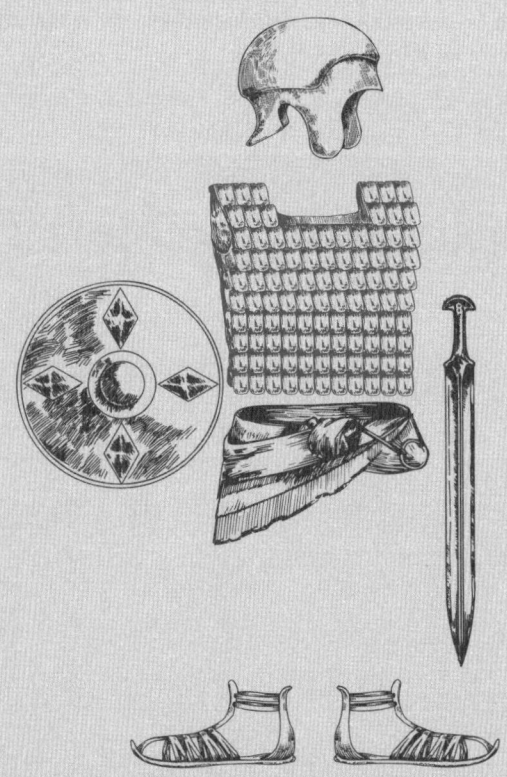

나는 국제공항에 갈 때마다 즐겨 하는 일이 하나 있다. 입국하는 사람들을 보면서 어느 나라 사람인지 알아맞히는 것이다. 만약 그들이 말을 하고 있다면 언어나 억양으로 쉽게 구분할 수 있지만, 보통은 옷차림만으로 추측해 본다. 생각만큼 쉬운 일은 아닌데 여행객들이 꼭 우리의 고정관념대로 옷을 입지는 않기 때문이다. 스코틀랜드 사람이라고 언제나 킬트를 입지는 않는다. 독일 사람이 꼭 레더호젠을 입는 것도 아니다. 그리고 미국 관광객이라고 해서 매일 하와이안 셔츠를 입고 야구 모자를 쓰고 다니지도 않는다. 사실 그 나라의 전통의상이나 전형적인 옷을 입고 다니는 사람은 보기 드물다. 특히 공항에서는 대부분 청바지나 양복을 입고 있기 때문에 더욱 그렇다. 그런데도 우리는 어떤 나라 사람이라면 **반드시** 어떤 모습일 것이라고 상상하는 이미지가 있다.

그렇다면 전형적인 그리스도인은 어떤 모습일까? 보통 사람들이 그리스도인을 생각할 때 전신 갑주 중 어떤 부분을 떠올릴까? 내가 보기에 진리의 띠나 복음의 신, 믿음의 방패, 구원의 투구, 또는 하나님의 말씀인 성령의 검을 생각할 것 같지는 않다. 물론 이것들 모두가 제대로 갖춰 입은 그리스도인으로 살아가는 데 필수적이긴 하지만, 대부분 사람들은 그리스도인이 되기 위한 필수 요소로 의(義)를 떠올린다. 즉 대부분의 비그리스도인은 그리스도인이 자기 삶을 올바르게 이끌어가기 때문에 하나님께 받아들여진다고 생각하는 것이다. 아니면 적어도 그리스도인은 자신이 바르게 살아가는 사람이라고 스스로 **믿는다**고 여긴다. 다시 말해, 많은 사람에게 그리스도인이란 삶을 올바르게 살아가는 점잖고 도덕적인 사람이다(또는 스스로 그렇게 믿는 사람이다).

## 의의 호심경은 무엇인가?

바울이 말하는 '의의 호심경'은 우리가 스스로 이뤄낸 일련의 성과를 의미하는 것이 아니라, 우리에게 주어진 것이다. 즉 우리 솜씨가 아닌 하나님이 우리에게 제공하신 갑주의 일부로서, 하나님의 의를 가리킨다. 전신 갑주의 각 부분은 바울이 고안해낸 것이 아니다. 이사야를 포함한 구약의 여러 구절에서 왔다. 특히 의의 갑옷과 구원의 투구는 바울이 구약에서 그 근거를 찾았음을 분명히 보여주는데, 둘 다 이사야 59:17에서 직접적으로 그려졌다.

무엇이 그리스도인을 그리스도인 되게 하느냐에 대한 일반적인 관점이 있다. 하나님께 순종하려는 우리의 노력으로 하나님의 생명책에 들어갈 수 있다고 보는 것이다. 그런데 이 관점이 지닌 문제는 우리의 의로움이 결코 충분하지 못하다는 점이다. 하나님께 순종하려고 노력할 때조차 우리는 계속해서 하나님이 명하신 것과 반대로 행동하고 말하고 생각한다. 혹은 하나님이 말씀하신 바를 제대로 따르지도 못하는데, 이것이 바로 죄다. 더욱이 성경은 죄의 삯이 사망이라고 말한다(롬 6:23). 이 말인 즉슨 우리가 온전히 하나님께 순종하지 못하는 순간마다 우리가 당연히 받아야 할 대가는 사망, 즉 하나님과의 영원한 분리라는 뜻이다. 그런데 우리는 하루에도 여러 차례 죄를 짓는다.

당신이 하루에 단 한 번만 하나님의 완전하신 기준에 부합하지 못해도 매년 365번씩(윤년에는 한 번 추가), 평균 수명을 산다고 하면 약 2만6천 번의 죄를 저지르는 것이다. 그런데 우리에게는 하루에 한 번만 죄를 짓는 것도 대단한 일이다! 그러면 이를 만회하기 위해 우리가 내밀 수 있는 카드는 뭐가 있을까? 어쩌면 여기저기서 몇몇 선행을 했을지도 모르겠다. 하지만 그것들은 어쨌든 우리가 해야만 하는 일에 불과하고, 보통은 잘 하지도 않는다. 게다가 우리는 무언가를 행하지 않는 죄와 더불어 무엇을 행하는 죄도 저지른다. 사실 우리가 선한 일을 할 때도 그 행동의 동기는 종종 끔찍할 정도로 혼재되어 있거나 전적으로 이기적이기도 하다.

그렇다면 우리는 평생에 2만6천 번 이상 사형선고를 받아야 하는 셈이고 유일한 변명이라고는 남은 시간 중 일부를 해야만 하는 일에 썼다는 것뿐인데, 그다지 대단한 변명거리는 아닌 듯하다. 그렇지 않은가? 이는 마치 사장의 돈 수백만 달러를 훔치다가 잡히고서는 다음과 같이 구실을 늘어놓는 것과 같다. "그래도 제가 당신의 돈을 훔치지 않을 때는 항상 일하고 있었다고요!" 그런 사람은 벌을 받아 마땅하다. 우리 역시 거룩하신 하나님의 손에 마땅히 받아야 할 것이 무엇인지 인정해야 한다. 우리는 두 번 생각할 것도 없이 당연히 불에 던져져야 한다. 우리의 의는 하나님의 공의로부터 우리를 보호하지 못한다. 마귀에게서는 말할 것도 없다.

### 용사이신 여호와 하나님

놀랍지도 않지만 이러한 문제 상황은 이사야 59장에서 선지자가 설명하는 것과 그대로 일치한다. 이사야는 앞선 장들에서 하나님이 이스라엘의 물리적인 대적들, 특히 바벨론을 처리해 주겠다고 하신 약속을 서술한다. 하지만 이제 선지자는 훨씬 거대하고 위험한 영혼의 대적인 죄를 처리하실 전능하신

용사를 묘사한다. 하나님은 이 대적과 싸워 자기 백성을 최종적으로 구하기 위해 갑주를 착용하신다. 바로 **그의** 의의 호심경과 **그의** 구원의 투구다. 그리고 하나님은 그들을 구출하기 위해 개입하셨다. 누구도 이스라엘을 그렇게 강력한 대적으로부터 구하지 못하지만, 주님은 강한 팔로 대적들을 물리치시고 그가 택하신 자들에게 구원을 주신다. 하나님의 백성에게 하나님께 내세울 만한 의라고는 전혀 없다. 실제로 선지자는 이스라엘에게 그들의 의는 더러운 옷에 지나지 않는다고 선포한다(사 64:6). 그들은 자신의 죄악이 하나님과 자신을 분리한다는 사실을 알고 있다(59:2). 만약 주님이 자기 백성을 그들의 행위를 따라 처리하신다면 두려운 심판 외에는 기대할 것이 없을 것이다.

하지만 하나님은 자기 백성에게 무서운 심판자가 아닌 약속의 구주로 오신다. 그분은 시온에 오셔서 이스라엘을 외부의 시험과 어려움에서 구하시는 것만이 아니라, 그들과 하나님을 분리한 죄로부터도 구하신다. 주님의 극적인 개입은 이스라엘의 운명뿐 아니라 열방의 운명까지 바꾸신다. 그 결과, 서쪽에서 주님의 이름을 두려워하고 동쪽에서 주님의 영광을 두려워할 것이며(사 59:19), 땅의 끝은 우리 하나님의 구원을 볼 것이다(사 52:10).

그런데 하나님이 약속하신 이 개입은 대가가 매우 크다. 하나님은 안전하게 멀리 떨어져 자기 백성을 구원하지 않으셨다. 이사야 59장 16절에서 주님이 자기 백성에게 중재자가 없다고 말씀하실 때 쓰인 히브리어 단어 '중재하다'는 이사야 53장의 마지막 단어와 같은 것이다(12절 참고, 개역개정에는 '기도하다'로 번역되었다-편집자 주). 여기에서 주님은 죄인들을 위해 중재하시고 그들의 죄를 대신 짊어짐으로써 승리하신 '고난받는 종'에 대해 말씀하신다. 주님은 그의 백성을 위한 대속물이 되어 아픔과 해를 당하는 고통스러운 순종을 감내함으로 죄에 대해 결정적인 승리를 거두신 것이다.

따라서 바울이 의의 호심경을 입어야 한다고 말한 것은 하나님이 복음 안에서 우리에게 주신 의를 설명하는 것이다. 바울은 또한 이렇게 기록했다. "하나님이 죄를 알지도 못하신 이를 우리를 대신하여 죄로 삼으신 것은 우리로 하여금 그 안에서 하나님의 의가 되게 하려 하심이라"(고후 5:21). 하나님은 죄인을 하나님의 의가 되게 하시려고 이 세상에 과감하게 개입하신다. 하나님은 우리를 위해 죄 없는 분을 죄가 되게 하셔서 우리를 더러움에서 깨끗함으로, 유죄에서 무죄로 바꾸는 극적인 반전을 끌어내신다. 여기서 바울은 하나님이 이사야를 통해 주신 약속, 즉 신실하신 용사가 우리의 죄를 대신 짊어지는 고난받는 종이 되어 죄를 이기신다는 약속을 풀어낸 것이다.

## 이중 전가

기독교 메시지의 중심에는 동시에 정반대로 일어나는 '이중 전가'가 있다. 두 전가 모두 이에 대한 하나님의 말씀이 없었다면 믿기 어려울 정도로 극적이다.

먼저, 하나님이 예수님을 취하셨다. 예수님은 모든 인류 역사상 유일하게 흠 없는 인간이자, 자기 의를 근거로 하나님 앞에 설 수 있는 유일한 분이며, 하나님이 사랑하시는 독생자이다. 그런데 하나님은 예수님에게서 성실한 순종이라는 깨끗한 옷을 벗기셨다. 아버지는 예수님의 의로운 신분을 떼어내고 그를 죄인처럼 취급하셨다. 하나님은 우리가 과거에 저지르고 앞으로 저지를 모든 더러운 생각, 폭력적인 말, 비열한 행동과 같은 죄악으로 예수님을 더럽히셨다.

예수님은 십자가에서 하나님의 거룩함을 거스르는 모든 죄에 내려진 형벌을 받으셨다. 예수님의 고난은 산채로 손발에 못이 박히고 뾰족한 가시가 이마를 찔러 피가 뺨에 흘러내리는 육체적인 고통만은 아니었다. 그것은 종으로서 받는 고난의 시작일 뿐이었다. 최악은 하나님과 분리되는 영적인 고통이었다. 태초부터 의로움과 선함 가운데 하나님과 함께 걸었던 분이 괴로움으로 소리 지르셨다. "나의 하나님, 어찌하여 나를 버리셨나이까"(마 27:46). 하나님은 예수님에게 나와 당신 그리고 하나님의 모든 백성이 지은 죄의 책임이 있는 것처럼 여기시고 그를 버리셨다. 이사야가 말했듯이, 그는 우리의 허물 때문에 찔림을 당하셨고 우리의 죄악 때문에 상함을 입으셨다. 그는 많은 사람의 죄를 담당하셨다(사 53:5,12).

그러고 나서, 놀랍게도 하나님은 죄 없는 분을 죄 있는 자처럼 대하신 것과 같이 죄 있는 자들을 죄 없는 것처럼 대하신다. 바울은 이에 대해, "곧 하나님께서 그리스도 안에 계시사 세상을 자기와 화목하게 하시며 그들의 죄를 그들에게 돌리지 아니하시고 화목하게 하는 말씀을 우리에게 부탁하셨느니라"(고후 5:19)라고 전했다. 하나님은 우리 죄를 우리에게 돌리는 대신, 우리에게 그리스도의 의를 돌리기로 하셨다. 또한 이사야는 이렇게 말한다. "그가 징계를 받으므로 우리는 평화를 누리고 그가 채찍에 맞으므로 우리는 나음을 받았도다"(사 53:5). 하나님은 우리가 하나님의 기준에 미치지 못할 때마다 우리에게 책임을 돌리지 않으셨을 뿐만 아니라, 예수님이 비슷한 유혹을 당하시고 굳게 서실 때마다 **우리가** 그렇게 한 것으로 인정해 주셨다. 그의 완전한 의와 거룩한 순종을 우리의 것으로 여기셨다. 하나님은 이제 자기 아들에게서 벗겨내신 완전한 순종의 옷을 우리에게 입혀주셨다(슥 3장 참고). 우리는 그리스도 안에서 우리를 영원히 하나님의 진노에서 지키는 의의 호심경을 받았다.

## 그리스도 안에서 받는 의

이 위대한 교환은 오직 그리스도와 연합한 자들, 즉 그리스도인에게만 적용된다. 바울이 로마서 8장에서 말한 것과 같이 "그러므로 이제 **그리스도 예수 안에** 있는 자에게는 결코 정죄함이 없나니"(1절). 고린도후서 5장 17절에서는 이렇게 말한다. "그런즉 누구든지 **그리스도 안에** 있으면 새로운 피조물이라 이전 것은 지나갔으니 보라 새 것이 되었도다."

당신이라면 예수님께 나아가 머리를 숙이며 이렇게 고백하는 것이다. "제가 지금까지 저지른 잘못과 앞으로 지을 모든 죄를 당신 앞에 둡니다. 주님의 완전한 의가 제 것이 되게 하시고, 저를 당신의 새로운 피조물로 삼아 주시옵소서. 저를 하나님과 화목하게 하시고, 저 대신 치르신 주님의 죽음을 통해 아버지께서 저를 받으시게 하옵소서." 하나님은 이처럼 그리스도를 자신의 구원자로 기대하며 겸손히 그분에게 나오는 모든 자를 받아주신다고 약속하신다. 그분은 그리스도의 귀한 이름을 자신의 중보자로 삼아 간청하며 그분에게 나아오는 자들을 외면하지 않으시고 외면하실 수도 없다.

이 거룩한 교환은 특히 우리의 선함이 턱없다는 사실을 아는 이들에게 좋은 소식이다. 혹 누군가는 어리석게도 하나님이 자신의 의로움을 기뻐하실 수밖에 없다고 생각할지 모른다. 그들은 자신이 하나님을 순종하고 그분의 법을 따르는 일을 꽤 잘 해냈다고 믿는다. 하지만 진리를 아는 사람은 전자이다. 우리는 선해지려고 아무리 노력해도 비참한 실패만 거듭할 뿐이다. 우리는 하나님의 기준에서 해야 할 일, 해야 할 말, 해야 할 생각 한 번도 제대로 한 적이 없다. 오늘과 어제와 지난주를 돌이켜 보면 우리가 정욕, 교만, 이기심, 거짓말, 탐심 등으로 얼마나 하나님을 실망하게 했는지 헤아릴 수도 없다.

그런 우리와 같은 사람들에게 하나님이 주시는 의의 호심경이란 정말로 좋은 소식이다. 이는 당신이 지금까지 얼마나 엉망이었든지 하나님의 구원은 여전히 유효하다는 사실을 선포한다. 예수님이 담당하시지 못할 죄악은 없다! 만약 그분이 자기 백성이 지은 죄의 무게, 즉 과거와 현재와 미래의 모든 죄의 무게를 짊어지실 수 있다면, 그분은 분명히 당신의 죄도 해결하실 수 있다. 이것이 기독교가 오랫동안 사회에서 따돌림 받은 사람들에게 좋은 소식이 되어온 이유다. 복음은 언제나 매춘부와 마약 중독자, 알코올 중독자와 재소자, 다양한 종류의 성적인 죄에 휘말려 있는 자, 자신이 불의한 삶을 살았다는 사실을 아는 사람들에게 환영받아왔고, 이들 모두 예수 그리스도의 완전한 의를 받아 하나님의 친구가 될 수 있다.

하지만 복음은 교만한 자와 자기 의에 빠진 사람에게도 좋은 소식이다. 완벽이라는 허울을 유지하며 주위 사람들에게 자기 힘만으로도 잘 해내고 있으니 구세주가 필요하지 않은 척하기도 정말 힘들다. 탕자 비유에 나오는 완벽한 큰아들도 이것이 그를 짓누르는 짐이었다(눅 15:11-32 참고). 그는 아버지의 집에 머물렀고 해야 할 일을 했지만, 그 마음은 동생의 외적인 '자유'를 남몰래 부러워했다. 큰아들이 집에 머물렀던 이유는 아버지를 사랑해서가 아니라 영적으로 교만했기 때문이다. 그는 동생과 마찬가지로 그저 영적으로 망가진 자였다. 다만 그 사실을 숨기는 데에 더 뛰어났을 뿐이다. 우리 중 대부분이 그토록 순종적으로 행동하는 이유도 실제로는 우리의 연약함과 영적 깨어짐 때문이다. 우리는 사랑과 감사로 하나님께 순종하는 것이 아니라 자신의 가치를 입증하려는 자아 중심적이고 기쁨 없는 욕망으로 순종한다. 하지만 복음에서는 그런 큰아들들조차도 그리스도 안에서 대가 없이 새롭고 완전한 의를 선물로 받을 수 있다.

확신과 도전

그리스도가 전가하신 의라는 이 핵심 진리가 모든 그리스도인의 삶을 다스려야 한다. 한편으로 이것은 어떤 것도 나를 향한 하나님의 사랑을 끊을 수 없다는 뜻이다. 내가 하나님의 불구대천의 원수였을 때도 하나님은 자신을 내주실 정도로 나를 사랑하셨다면, 이제 그분의 양자가 된 나를 하나님은 분명히 용서하시고 사랑하실 것이다. 십자가를 통해 임하는 의는 나에게 하나님의 사랑에 대한 확신과 안도감을 준다. 내가 그리스도를 통해 하나님과 화해하고 그분의 완전한 의로 옷 입었다면, 내가 실패하여 마음을 강하게 사로잡는 죄로 다시 미끄러져 들어가는 가장 어두운 밤에도 그분은 나를 버리지 않으실 것이다.

이해하기 어려운 가르침일 수 있다. 특히 당신이 모든 실패의 책임을 스스로 져야 하고 당신의 행동에 따라 사랑 또는 거절을 경험한 가정에서 자랐다면 더욱더 그렇다. 하지만 당신의 하늘 아버지는 언제나 길가에 서서 탕자가 집에 돌아오기를 기다리시고, 당신을 만나기 위해 달려 나오시며, 당신이 입은 더러운 누더기를 연회복으로 갈아입혀 주시고, 당신이 돌아온 것을 기념하려고 살진 송아지를 잡는 분이다. 그분은 당신의 선함이 아닌 그리스도의 선함을 근거로 당신을 반기신다.

십자가를 통해 임하는 의란, 한편으로 내가 결코 죄를 대수롭지 않게 여기거나 무시해버릴 수 없게 되었다는 뜻이기도 하다. 나는 하나님과 화목하게 되었고 그리스도 안에서 새로운 피조물이 되었다(고후 5:17). 하나님은 지금 내 안에 성령으로 일하시며, 나를 그리스도의 형상으로 새롭게 만들어가신다. 그분의 목적은 나를 그리스도 예수 안에서 선한 일을 위해 창조된 거룩한 백성으로 만드시는 것이다(엡 2:10). 그렇다면 왜 내가 여전히 어둠에 속한 자처럼 아무 일도 없었다는 듯 창기와 돼지들 사이에서 살던 예전의 삶으로 다시 뛰어들겠는가? 나를 위해 그리스도가 십자가에서 고통스럽게 얻어내신 의는 우리를 움직여 하나님이 우리 안에서 만들어가시는 새로운 본질에 부합하도록 순종하려고 애쓰게 만든다.

### 필수 장기를 보호하다

십자가에서 얻은 의가 하나님의 사랑에 대한 깊은 확신과 죄에 맞설 강력한 동기를 준다는 사실을 발견한다면, 왜 바울이 의를 우리가 마귀에 맞서 싸울 때 필요한 호심경으로 묘사했는지 알 수 있다. 호심경이 군사의 필수 장기를 보호하듯이, 그리스도의 의는 마귀가 우리를 속이려고 내놓는 두 가지 주된 거짓말에서 우리를 보호해준다. 바로 하나님이 우리를 사랑하지 않으신다는 것과 죄가 중요하지 않다는 거짓말이다.

우선, 마귀는 하나님이 당신을 사랑하지 않는다고 쉴새 없이 당신을 속이려 든다. 사탄은 말한다. "네가 그렇게 엉망인데 어떻게 하나님이 너를 사랑할 수 있겠어?" 사탄은 속삭인다. "만약에 네가 더 나은 그리스도인이라면 사랑하시겠지. 하지만 네가 반복해서 실패하는 바람에 분명 하나님은 너를 볼 때마다 얼굴을 찌푸리실 거야. 하나님의 눈에 너는 그저 어마어마한 실망스러움 그 자체야."

실제 우리에게 계속해서 실망하는 것처럼 보이는 이 땅의 아버지를 두고 있는 사람들도 있다. 하지만 하나님이 우리를 위해 그리스도의 피를 통해 세우신 의는 우리에게 더 좋은 말씀, 아무 공로 없이 베푸시는 하나님의 은혜의 말씀을 전한다. "사랑하는 자야, 너는 그리스도의 죽음과 부활을 통해 하나님과 화목하게 되었다. 너의 죄와 실패는 그리스도와 함께 십자가에 못 박혀 단번에 사라졌고, 너는 그의 온전함 안에서 영원히 그리스도와 연합하게 되었다. 그러니 이제 비록 네가 약하고 실패한다고 할지라도 아버지는 너를 그리스도의 완전한 의와 별개로 바라보시지 않는다. 그의 의가 너를 향한 사랑으로 끊임없이 그분의 마음을 녹이고 있다." 우리는 이 말이 진실로 사실임을 안다. 그리스도 안에서 하나님의 의가 우리에게 주어졌기 때문이다. 우리가 그 의를 우리의 호심경으로 맨다면, 하나님이 우리 안에서 기쁨을 찾으실 수 없다는 사탄의 악랄한 거짓말에서 마음을 지켜낼 것이다.

하지만 사탄은 또 이렇게 말한다. "그래, 그렇다면 죄는 큰 문제가 아닐 수 있어. 하나님은 네가 괜찮을 때 만큼이나 네가 형편없을 때도 똑같이 너를 사랑하시는데, 죄를 짓지 않을 이유는 뭐야? 그렇게 하는 편이 훨씬 쉽고 즐거운데 말이야." 하지만 그리스도 안에서 우리에게 주어진 완전한 의, 바로 그것 때문에 우리는 더 이상 죄악 가운데 지낼 수 없다. 하나님은 그리스도 안에서 우리가 이제 완전한 의인임을 선포하신다. 그리고 성령님의 역사를 통해 궁극적으로 그렇게 이루실 것이다.

고린도전서 6장에서 바울은 하나님의 나라를 유업으로 받지 못하게 막는 행위들을 나열한다. 음행, 우상숭배, 간음, 탐색, 남색, 도적, 탐욕, 술 취함, 모욕, 속여 빼앗음 등이다. 그가 편지를 쓴 고린도인들은 한때 이 목록에 속한 생활방식을 따랐었다. 하지만 바울은 말한다. "주 예수 그리스도의 이름과 우리 하나님의 성령 안에서 씻음과 거룩함과 의롭다 하심을 받았느니라"(고전 6:11). 우리가 그리스도 안에서 의롭다 하심을 받은 것은 하나님이 우리 안에서 행하시는 일의 시작에 불과하다. 새로운 피조물은 변화의 시작이지 끝이 아니다. 이야기의 결말은 하나님이 태초부터 품으신 계획을 성취하시는 것으로 맺을 것이다. 바로 죄에서 완전히 자유로운 거룩한 백성을 얻는 것이다. 그 사이에 우리가 죄와 싸우는 내용은 하나님이 우리 안에서 성령님의 역사를 통해 써 내려가시는 이야기의 중요한 부분이다.

물론 당신의 이야기가 단지 당신에 관한 것만은 아니다. 이는 하늘의 영역에서 영적인 세력과 벌어지는 훨씬 거대한 전투의 일부다. 그 싸움에서 하나님은 이토록 지독하게 망가지고 타락한 피조물들임에도 불구하고 사탄이 그에 대한 지배력을 유지하지 못하도록 해 번번이 좌절시키고, 우리의 약함을 통해 그분의 강한 능력을 보여주신다. 사탄의 계략에 맞설 능력이라곤 전혀 없는 나약한 인간들을 복음 안에서 하나님의 더욱 큰 능력에 의해 빼앗기는 것을 볼 때마다 사탄이 얼마나 실망할지 상상해보라! 하나님은 몇 번이고 "안돼, 이 자는 나의 소유다!"라고 하시며 연약한 죄인들을 사탄의 수중에서 낚아채신다.

### 매일의 투쟁

우리는 아직 이 이야기의 마지막에 도달하지 않았다. 우리는 사탄과 벌이는 일생의 전쟁에 참전한 군사로서 아직 가야 할 길이 멀다. 우리는 하나님의 호심경을 착용하고 살면서 그의 모범을 본받아 온 힘을 다해 날마다 싸워야 한다. 때로는 지는 싸움 같아 보이기도 한다. 성령님이 우리 힘으로만 싸우게 하셔서 우리의 약함을 처절하게 보여주시며 끊임없이 그리스도의 선하심이 필요하다는 사실을 드러내시는데, 그럴 때 우리는 그리스도의 의만이 우리를 구원하실 수 있다는 사실을 분명히 보게 된다. 때로는 하나님이 우리를 강하게 하셔서 굳건히 설 수 있게 하신다. 그래서 약하고 타락한 혈과 육이, 어둠의 무시무시한 세력이 가하는 모든 공격을 견뎌내는 말도 안 되는 광경에 영의 세계가 놀라게 하신다. 놀라우신 하나님의 능력이 아니면 어떻게 그런 일이 가능하겠는가? 사탄의 가장 강력한 거짓말에서 우리를 보호하는 것이 바로 그리스도의 의의 호심경이다.

따라서 그리스도의 의를 자기 의로 대체하고자 하는 본성적 경향을 주의하라. 마음에 순간순간 스쳐 지나가는 자만이나 정죄와 같은 생각들을 주의하라. 만약 당신이 잘하고 있을 때, 마음이 자기 자신으로 가득하다면 이는 자기 갑주에 심취해 있다는 징표다. 당신이 실패했을 때, 죄책감과 수치심이라는 감정에 압도되어 낙담한다면 당신의 문제는 같다. 다시 복음에 집중하라. 전투가 극렬할 때는 당신을 도울 수 있는 연장의 지혜롭고 전투 경험이 많은 동료들을 찾아가라. 전투에 대한 열정으로 가득한 젊은 군사들도 큰 격려가 될 수 있다. 하지만 때로 우리는 예전에 전투의 열기를 느껴본 사람, 우리 대신 누가 반드시 이기는지를 상기해 줄 수 있는 사람과 함께 자리에 앉을 필요가 있다.

어떤 의미에서 일반 사람들이 그리스도인의 특징으로 의로움을 꼽는다는 것이 정말 맞는 일이다. 모든 그리스도인의 삶에서 의가 드러나야 한다. 사탄의 불화살로부터 그를 보호해

주는 호심경으로서 말이다. 우리는 완전한 순종을 통해 하나님과 함께한다. 하지만 우리를 보호하는 것은 약하고 넘어지기 마련인 우리의 의가 아니며, 하나님의 호심경을 잘 매는 능력도 아니다. 오직 하나님으로부터 오는 완전한 의로서, 그리스도 안에서 자기 죄를 예수님께 맡긴 자에게 주어진 것이다. 이 전가된 의야말로 성령님이 우리의 생각을 새롭게 하시고 우리의 삶을 새롭게 하실 때 우리 안에서 역사하는 것이다. 우리는 이렇게 우리가 살아가도록 창조된 삶을 살기 시작하고, 참된 의와 거룩함 가운데 하나님을 닮아간다. 하나님의 은혜로 전가된 의의 호심경을 입으라. 주님의 강하고 전능하신 손에 붙들려 마귀의 간계에 능히 대적하도록 더욱 강건하게 될 것이다.

### 더 깊은 묵상을 위하여

1. 왜 의의 호심경에 있는 의가 우리의 것이 아닌 하나님의 것이라는 사실이 중요한가?
2. 우리는 어떻게 하나님의 의를 받는가?
3. 하나님의 의의 호심경이 당신의 삶에 어떤 실질적인 차이를 만들어내게 되는가?
4. 왜 의의 호심경이 '큰 죄인들'과 '큰아들들' 모두에게 좋은 소식인가?

# 4
# 복음의 신

이사야 52:7-11, 엡 6:15

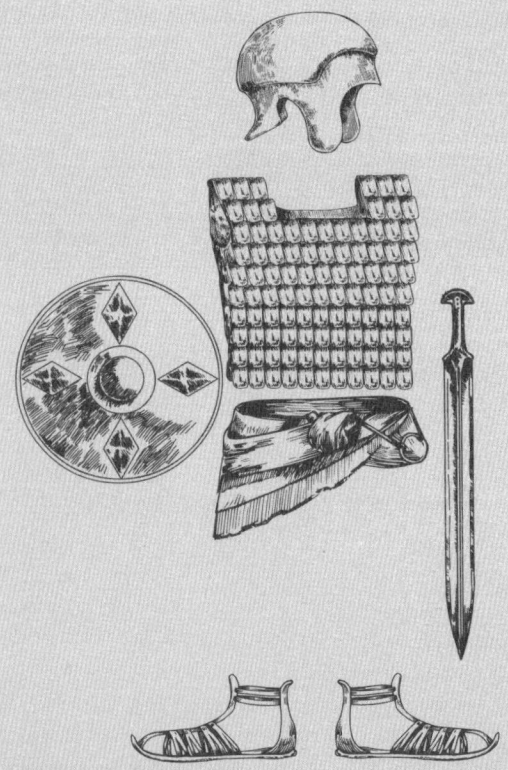

우리 문화에서 신발은 패션의 표현이다. 이제 신발은 그저 발을 덮는 용도가 아닌, 자기 개성을 드러내는 수단이다. 하지만 고대에는 그렇지 않았다. 사람들 대부분은 신발이 없어 맨발로 다녔다. 그래서 여행은 느리고 힘들었는데, 땅이 험하면 특히 그랬다. 보통 신발을 가질만한 사람은(부유한 사람을 제외하고) 군인이나 운반원, 즉 멀리 그리고 빠르게 이동하는 능력에 생명과 생계가 달린 자들이었다. 나에겐 적합한 신발의 가치를 깨닫게 해준 어렸을 적 경험이 있다. 잊히지 않는 유년 시절 기억 중 하나인데, 흔들리는 바위를 넘고 늪지를 통과해 스코틀랜드의 언덕을 지나는 해병대 스타일의 행군에 끌려갔던 일이다. 제대로 된 하이킹용 신발을 신은 성인에게 이십 킬로미터 거리는 별 것 아닐 수 있지만, 평범한 구두를 신은 아이에게는 고문 그 자체였다. 하지만 그것이 내가 당시 가지고 있던 유일한 신발이었고 나는 걷기에 적합한 장비를 착용하지 못했다. 두기드 집안의 휴일 활동에 대한 준비가 되어있지 않았던 것이다.

삶을 직면할 준비를 하다

사도 바울은 우리 그리스도인에게 그런 일이 생기기를 원치 않는다. 바울은 우리가 이 어려운 세상에서 겪는 고역에 대비하여 '평안의 복음이 준비한 것으로 신을 신기'(엡 6:15) 원했다. 당신이 전투에 참여하면서 맨발로 갈 수는 없다. 당신에겐 알맞은 신발이 필요하다. 이 사실을 잘 알았던 로마인들은 군인들에게 튼튼한 징이 박힌 신발을 신겼다. 하지만 바울이 여기에서 사용한 이미지의 주된 출처는 전형적인 로마 군인이 아니다. 이 역시 구약에서 온 것이다. 이사야 52장 7절에서 선지자는 선포한다.

> 좋은 소식을 전하며 평화를 공포하며
> 복된 좋은 소식을 가져오며 구원을 공포하며
> 시온을 향하여 이르기를
> 네 하나님이 통치하신다 하는 자의
> 산을 넘는 발이 어찌 그리 아름다운가.

이는 성경에서 발과 복된 소식, 그리고 평화가 함께 나오는 유일한 구절이다.

이 구약의 배경은 중요하다. 바울의 말에 내재된 모호함을 해소하기 때문이다. 평안의 복음이 준비한 것으로 신을 신는 다고 말할 때 바울은 평안의 복음이 **주는** 준비를 의도하는 것인가? 아니면 평화를 가져오는 좋은 소식을 **전할** 준비가 되었다는 것인가? 여러 번역과 주석이 문법적으로나 문맥적으로 합당해 보이는 전자의 해석을 지지한다. 하지만 바울이 이를 이사야 52장과 연관짓고 있다면, 그가 염두에 둔 준비란 본래 복음의 전령으로서 좋은 소식을 전할 준비를 뜻한다. 우리가 평안의 좋은 소식을 다른 이와 나누도록 부름을 받았다면 우리 자신이 먼저 그 소식을 들어야 하는 것도 사실이다. 하지만 우선 전령은 좋은 소식을 기다리는 자들에게 메시지를 전하기 위해 멀리 그리고 빠르게 여행할 수 있게 해주는 좋은 신발이 필요하다.

이사야는 예루살렘 벽에서 기쁜 노래를 터뜨리는 파수꾼의 모습을 보여준다. 이 파수꾼들은 쳐들어올 적군에 대한 두려움으로 오랫동안 눈을 크게 뜬 채 긴장해있었다. 그런데 이제 그들은 포위되었던 시온의 주민들에게 구원의 좋은 소식을 선포하는 전령이 된 것이다. 바울은 믿는 자와 믿지 않는 자 모두에게 평화의 복음을 전하는 우리의 특권에 이 모습을 적용한다. 그는 로마서 10장에서 요엘 선지자와 이사야 선지자 모두를 인용하며 같은 연관성을 찾는다.

누구든지 주의 이름을 부르는 자는 구원을 받으리라 그런즉 그들이 믿지 아니하는 이를 어찌 부르리요 듣지도 못한 이를 어찌 믿으리요 전파하는 자가 없이 어찌 들으리요 보내심을 받지 아니하였으면 어찌 전파하리요 기록된 바 아름답도다 좋은 소식을 전하는 자들의 발이여 함과 같으니라(롬 10:13-15).

우리가 복음 전파의 과업을 이해하는 방식과 이 구절이 얼마나 다른지 보라. 우리는 때로 복음 전파를 일종의 영적 다단계 판매 프로그램으로 생각한다. 그러면 우리가 해야 할 일은 친구와 친척을 어르고 달래서 그들이 전혀 원하지도 않고 필요로 하지도 않는 것을 강제로 사도록 만드는 것이다. 그리고 가능하다면 그들을 모집해 역시 친구나 친척에게 똑같이 하도록 만든다. 우리가 잠재 고객에게 열정적이지 않은 것도 당연하다! 하지만 전령은 타파웨어(Tupperware, 미국의 주방용품 브랜드-역주) 판매원과는 전적으로 다르다. 그들에게는 팔아야 할 상품이 없다. 자랑스럽게 전해야 할 놀라운 좋은 소식만이 있을 뿐이다! 사람들은 그 선포를 듣고 따르기로 선택할 수도 있고 그렇지 않을 수도 있다. 우리가 해야 할 일은 그저 언제 어디서 그들을 만나든, 상처받고 눌린 영혼에게도 하나님의 평화가 임했다는 좋은 소식을 선포하는 것이다.

전령의 업무

전령이 하는 업무는 간단하다. 주로 두 가지인데, 메시지를 바르게 받는 일과 바르게 전하는 일이다. 우선 우리는 메시지를 바르게 받아야 한다. 이사야의 맥락에서 보자면 우리가 전하도록 위임받은 평화의 좋은 소식은 세 가지 진술로 나눌 수 있다. (1) 우리 하나님이 다스리신다. (2) 하나님은 예루살렘을 구속하시고 자기 백성을 위로하신다. (3) 땅의 끝이 우리 하나님의 구원을 볼 것이다. 우리의 메시지도 본질상 같다.

첫째, 우리는 사람들에게 우리 하나님, 즉 성경의 하나님이신 여호와가 다스리신다고 선포한다. 이사야에서 이 소식은 바벨론의 우상은 다스리지 못한다는 사실을 상기시키는 데 꼭 필요한 것이었다. 므로닥과 벨은 공허한 존재였다. 느보는 축복하거나 저주할 능력이 전혀 없다. 우리 하나님이 다스리신다는 사실은 지금도 여전히 평화의 좋은 소식이다. 그런 고대의 우상을 경배하지는 않더라도 우리는 여전히 이 세상의 온갖 것들이 축복하거나 저주할 능력을 가졌다고 생각한다. 우리는 아름다움에게 말한다. "너는 나의 신이야." 또는 성공에게 말한다. "나는 너를 숭배해." 우리는 돈에게 우리를 가치 있는 사람으로 선포하는 능력이 있다고, 망가진 관계는 우리가 실패자라는 정체를 드러내는 힘을 갖고 있다고 믿는다. 우리는 우상에게 말한다. "너를 소유하는 한, 내 삶은 의미 있고 중요해. 너를 잃으면, 난 모든 것을 잃는 거야."

돈, 아름다움, 권세, 성공, 관계 중 어느 것도 우리를 다스릴 수 있는 진정한 능력이 없다. 그것들은 어느 모로 보나 구약 시대 바벨론의 우상들과 마찬가지로 공허하다. 하지만 우리는 그것들이 엄청난 의미가 있는 것처럼 여긴다. 그 결과, 삶의 대부분을 우상에게 속박되어 비참하게 살아간다. 우상들이 나를 보며 웃어주기를 바라며 그들이 끝없이 요구하는 희생물을 바치기 위해 안간힘을 쓰면서 말이다. 거짓 신들은 가혹한 감독이다. 그들은 변덕스러운 축복을 베풀어 우리 중 몇몇에게 상을 줄지도 모른다. 하지만 그렇게 하는 이유는 그저 우리를 그들의 능력에 더 깊이 빠지게 하려는 것뿐이다. 나머지에게는 실패와 결점을 저주함으로써 스스로 무가치하게 느끼도록 만들어 신경 쇠약으로 몰아넣는다.

## 우상의 가면을 벗기다

그렇다면 당신의 삶을 다스리는 우상들은 무엇인가? 나에게 우상은 돈과 생산성이다. 예상하지 못했던 고지서가 늘어나면 마음에 두려움이 생기는 것을 느낄 수 있다. 내 우상은 나를 실패자로 선포한다. 건강 때문에 예전만큼 일하지 못하게 되면 짜증이 난다. 나의 우상이 나를 저주하면 나는 두려움과 불안으로 반응한다. 각자 다른 우상이 있을 수 있고, 같은 우상에 다르게 반응할 수도 있다. 어떤 이는 우상의 저주에 분노로 반응하며 주위 사람들을 비난하기도 한다. 또 어떤 이는 중독적인 행동 양식에 빠지기도 한다. 음식이나 알코올뿐만 아니라 겉으로는 긍정적으로 보이는 운동이나 청소조차도 우상의 저주로 촉발된 나쁜 감정을 벗어나려는 수단이 되기도 한다.

그리스도인인 우리에게는 이러한 우상에 속박된 세상에 베풀 좋은 소식이 있다. 복음은 우리가 거짓 신들로부터 자유롭게 되었다고 선포함으로써 평화를 준다. 거짓 우상들은 다스리지 못한다. 주님이 다스리신다! 주님만이 당신의 삶에 의미 있는 판단을 내리시는 분이다. 주님이 당신을 저주받았다고 선포하시면 당신이 잃어버린 존재가 되었음은 어떻게도 구제할 길이 없다. 하지만 주님이 당신을 복을 받은 자라고 말씀하시면 당신은 분명히 복을 받은 것이다. 하나님은 그의 백성이 그리스도 안에서 실로 모든 영적인 복을 받았다고 선포하신다 (엡 1장 참고). 당신이 그리스도를 신뢰한다면 아버지의 은혜로운 미소가 당신에게 영원히 머물고, 당신은 잃을 수 없는 영원한 기업을 얻게 될 것이다.

이 선포에는 평화를 주는 능력이 있다. 그리스도를 믿는 자는 누구든지 아버지가 그 아들의 강한 손에 맡기시기 때문에 그 무엇도, 그 누구도 그 손에서 빼낼 수 없다. 아름다움은 당신에게 그런 평화를 줄 수 없다. 돈도, 성공도, 건강도, 관계도 그렇게 하지 못한다. 그것들은 다스리지 못한다. 그것들은 쉽게 사라져 버리고, 그것들이 당신에게 주리라 기대하는 모든 복도 마찬가지다. 하지만 주님은 다스리신다! 이것이 진리이니 당신에게 있는 것은 무엇이든지 아버지가 좋은 선물로 주신 줄을 알 수 있다. 당신에게 무엇이 부족하더라도, 사랑이 많으신 아버지는 당신이 지금 당장 그것들을 소유하지 않는 편이 더 낫다는 것을 아시기 때문이다. 그것들은 당신의 정체성이 아니다. 당신이 그 복의 일부 혹은 전부를 잃어버려도, 당신이 그리스도를 소유하고 있다면 이 세상에서 진정 중요한 한 가지를 가진 것이다. 따라서 당신은 하나님이 주신 그 선한 것들을 얼마든지 즐길 자유도 있고, 그것들 없이 평화롭게 살 자유도 있다. 그것들이 당신을 규정하지 못하고 당신의 가치관에 영향을 미치지 못한다는 사실을 안다면 말이다. 그것들은 당신의 평화가 아니다.

## 자기 백성과 민족들을 위로하시는 주님

우리가 공포할 두 번째 소식은 주님이 예루살렘을 구속하시고 자기 백성을 위로하신다는 것이다. 이는 복음 안에서 우리에게 임하는 믿을 수 없이 놀라운 은혜를 말한다. 복음은, 하나님은 선한 사람을 사랑하시는데 당신도 마음과 행동을 바르게 하면 하나님이 사랑하실지 모른다는 선언이 아니다. 그렇다면 이사야의 청중들에게 절대 좋은 소식이 아니었을 것이다.

이사야서 앞부분에서 예루살렘은 지도자와 백성들 모두의 계속된 실패로 철저하게 유죄 선고를 받는다. 그들의 마음은 둔하게 되고, 눈이 감기고, 귀는 막혔다. 또한 선지자 이사야를 통해 주신 주님의 간청을 수차례 무시했다. 이사야는 죄와 실패의 오랜 역사 때문에 끔찍한 심판이 하나님의 백성에게 임할 때까지 그들의 굳은 마음은 수 세대 동안 계속되리라는 이야기를 듣는다(사 6:9-13 참고).

심판은 그들의 이야기에 걸맞은 결말이었다. 예루살렘 도시에는 살아남은 자가 없었다. 마치 베어버리고 그 토막은 태워버린 나무와 같았다. 하지만 임박한 심판 가운데에서도 주님은 희망의 징조를 주신다. 밭의 오두막처럼(사 1:8) 무언가는 그 파멸에서도 살아남는다. 나무는 잘리고 불타지만 뿌리가 남아 새싹이 올라올 것이다(사 11:1). 엄중한 심판을 다루는 여러 장이 지난 후 하나님은 평화의 말로 위로하는 전령을 보내신다(사 40:1-11). 이스라엘이 계속해서 죄를 저질렀음에도 불구하고 주님은 자기 백성을 내버려 두지 않으신다. 아직 이스라엘에는 희망이 있다.

더욱이 전령은 이 좋은 소식이 단지 이스라엘만을 위한 것이 아니라고 선포한다. 이 소식은 아브라함의 육체로 난 후손에게만 한정되지 않았다. 이스라엘이 구원을 받지만 어떤 노력을 했다거나 공로가 있어서가 아니라 전적으로 주님의 은혜와 자비 때문이었다. 예전에 그들을 박해하던 자들에게도 같은 구원이 임할 수 있다. 이사야는 앗수르와 애굽이 이스라엘과 삼국 동맹을 맺고 서로를 연결하는 대로가 세워진다고 예견한다. 이 오랜 적들은 새로운 친구가 된다(사 19:23-25). 우리는 이 선언이 담고 있는 힘을 지나치기 쉽다. 우리에게 '애굽'과 '앗수르'는 그저 옛날 역사책에 나오는 이름에 불과하기 때문이다. 하지만 이 나라들은 하나님의 백성을 잔인하게 박해한 나라였다. 마치 주님이 나치 독일과 소비에트 러시아, 잔인한 중동의 이슬람 테러리스트 및 중국 공산당의 박해자들에게 구원을 선포하신 것이나 마찬가지다. 앗수르와 애굽이 이스라엘의 하나님과 화해함에 따라 새로운 이스라엘과도 가깝게 될 것이다.

예수님은 영적으로 전혀 어울리지 않는 자들과 반역자들까지 신실한 하나님의 친구들로 삼으시는, 있을 법하지 않은 변화를 성취하러 오셨다. 우리가 성탄절 노래에서 부르듯이 예수님이 바로 이새의 잘린 그루터기에서 나온 싹이며, 우리는 그분 안에서 하나님과 화목하게 된다. 그분은 역사상 이스라엘이 절대 할 수 없었던 일을 행하시는 참되고 신실한 이스라엘이시다. 하나님의 법을 완전하게 지킴으로써, 육체를 따라 아브라함의 후손 된 자기 백성뿐 아니라 이방인에게까지 빛이 되신다(사 49:6). 바울에 따르면 예수님은 저 멀리 있는 자와 가까이 있는 자 모두에게 평화의 좋은 소식을 선포하기 위해 세상에 오셨다. 성령님의 역사를 통해 그리스도를 믿는 믿음 안에 유대인과 이방인을 하나의 새로운 몸으로 연합하게 하셨다는 것이다(엡 2:11-22).

### 예수 그리스도, 우리의 전령

이 복음의 신 역시 예수님이 우리 대신 먼저 착용하신 하나님의 무장 중 하나다. 예수님은 단지 구원의 좋은 소식을 전하시는 전령만이 아니라, 그 소식을 성취하시는 분으로도 오셨다. 그분은 우리 죄를 위해 자신의 목숨을 내려놓으셨고, 본래 하나님과 원수 되었던 우리는 그리스도를 믿는 믿음만으로 하나님의 친구가 될 수 있었다. 우리는 그분의 죽음과 부활을 통해서 하나님과 평화를 누린다. 예수님이 첫 설교에서 직접 말씀하셨듯이 예수님은 이사야 61장에 나오는 성령 충만한 주의 종이시다. 주님은 그에게 기름을 부으셔서 가난한 자에게 좋은 소식을 전하고, 마음이 상한 자를 고치고, 포로된 자에게 자유와 갇힌 자에게 놓임을 선포하며, 주님의 은혜의 해를 선포하고, 모든 슬픈 자를 위로하며, 시온에서 슬퍼하는 자들을 돌보셔서 재 대신 화관을 씌워 주며, 슬픔 대신 기쁨의 기름을 발라 주고, 근심 대신 찬송의 옷을 입게 하셨다(눅 4:18-19 참고).

예수님은 완벽한 복음 전도자이시다. 길을 잃고 궁핍한 이 세상에 그가 왔다는 좋은 소식을 선포할 기회를 절대 놓치지 않으셨다. 예수님은 자기 동족에게도 따돌림 당했던 사마리아 여인에게 이 복음을 전하셨다. 여인은 실패한 다섯 번의 결혼에 대한 수치심 때문에 한낮의 찌는 더위에 물을 길으러 우물을 찾았었다(요 4:1-26). 예수님은 나병 든 사람에게 평화의 좋은 소식을 전하시며, 그를 치유하고 온전하게 하신다(눅 5:12-13). 예수님의 손길이 그의 질병을 이겼다. 질병은 온전하고 좋은 것을 죄가 잠식하여 생명력을 앗아간 채 껍데기만 남기는 방식을 상징한다. 예수님은 심지어 죽은 자를 살리셔서 마지막 원수까지 이기는 자신의 능력을 보이신다(막 5:22-42). 이런 일을 하시면서 예수님은 직접 우리의 평화가 되셨다.

예수님은 십자가에서 죽으심으로 이 평화의 대가를 극적으로 치르셨다. 거기에서 하나님은 죄인인 우리를 죄 없게 대하시기 위하여 죄 없는 그분을 죄인으로 취급하셨다. 이것이 평화의 복음에 담긴 핵심이다. 예수님이 하신 일 덕분에 우리는 이제 하나님과 흔들리지 않는 평화를 누린다. 우리는 더는 하나님이 보시기에 죄인이 아니다. 악취를 내뿜던 죄 더미가 우리 기록에서 지워지고 예수님의 기록이 등재되었다. 그분의 죽음과 부활을 통해 이제 우리는 하나님의 친구, 하나님의 가족이다. 우리는 더는 진노하는 신에게서 도망가는 반역자가 아니라 안전하고 영원한 집을 천국에 둔 사랑받는 자녀들이다.

### 좋은 소식을 받고 선포하기

누가 이 좋은 소식을 들어야 하는가? 먼저 우리 자신이 이 평화의 좋은 소식을 들어야 한다. 우리는 복음이 주는 흔들리지 않는 평화를 누리지 못할 때가 많다. 우리는 자신의 실패뿐 아니라 우리가 우상으로 삼은 것들의 저주로 일을 망치는데, 그것들이 계속해서 우리 삶을 규정하도록 허용하는 탓이다. 우리는 우리 하나님이 다스리신다는 소식, 하나님이 죄를 깨끗이 씻어 주셔서 우리가 하나님과 바른 관계를 맺게 되었다는 소식을 들어야 한다. 믿는 사람인데도 불구하고 우리에게 평화가 없다면, 우리의 시선이 자기 자신과 자기 성과에 고정되어 있기 때문이다. 마치 그것이 우리 운명을 결정하는 가장 중요한 요소인 양 보는 것이다. 해결책은 우리 눈을 자신에게서 옮겨 하나님께 두고 하나님이 우리를 죄에서 깨끗하게 하기 위해 행하신 일들을 보는 것이다.

이사야는 이것을 경험했다. 이사야가 주님을 처음 뵈었을 때 그는 깊은 정죄감을 느꼈다(사 6:1-7 참고). 그는 자신이 입술이 부정한 사람이며, 같은 고난을 겪는 백성들에게 둘러싸여 있다는 것을 알고 있었다. 어떻게 그런 사람이 거룩하고 광대하신 영광의 하나님을 만났는데도 살아남을 수 있었는가? 주님은 천사를 보내셔서 숯불을 그 입술에 대셨다. 우리는 그 불이 닿으면서 그의 부정한 입술을 영영 닫아버리리라 예상한다! 하지만 놀랍게도 숯불은 그의 부정을 깨끗하게 했다. 숯은 제단, 즉 희생제사를 드리는 곳에서 나온 것으로 하나님이 십자가를 통해 이루실 궁극적인 평화를 가리킨다. 이렇게 이사야 선지자는 구원이라는 개인적 체험과 다른 이에게 선포하도록 부르심을 받았다는 희망을 경험한다. 그 결과 주님이 "내가 누구를 보내며 누가 우리를 위하여 갈꼬"(8절)라고 하실 때 이사야는 즉시 그 답을 알았다. 이사야는 그가 받은 정결함을 때문에 하나님이 다스리신다는 소식을, 그것도 전혀 받아들일 생각이 없는 이들에게 전해야 하는 어려운 사역을 신실하게 감내할 준비가 되어있었다. 그는 복음이 준비한 것으로 신을 신었고, 그 신은 그가 직면하게 될 험한 땅을 안전하게 지나도록 해주었다.

마찬가지로 평화의 복음은 삶의 어려움과 도전 앞에서도 인내하며 좋은 소식을 선포할 끈기를 준다. 우리는 하나님과 바른 관계가 되었다. 우리는 그리스도와 함께 영광스러운 유업을 받게 될 것이다. 하나님은 죽음과 고통, 슬픔과 눈물이 다시 없는 곳에 우리를 향한 놀라운 미래를 계획하셨다. 이 현재의 전쟁이 전부가 아니다. 우리의 성공과 실패가 우리 존재를 규정하지 않는다. 사탄과 그의 세력에 맞선 싸움은 영원하지 않다. 이 행군에는 끝이 있다. 이 신발을 벗고 피곤한 발을 근사한 뜨거운 욕탕에서 풀 날이 올 것이다.

## 전령들에게 평화

평화의 복음은 좋은 소식을 전하는 일에 실패할 때에도 쉬게 하는 능력을 준다. 우리는 대부분 위대한 전도자가 아니다. 우리는 매일 평화를 망각하고, 다른 이에게 예수님 이야기를 한다는 생각만으로도 곧잘 겁에 질리고 만다. 어떤 이는 복음을 전하려는 열정이 부족한 것에 심하게 죄책감을 느끼기도 한다. 깨어있는 모든 순간에 복음을 선포하려고 의도적으로 힘쓰지 않았기 때문에 하나님이 분명히 우리에게 실망하셨을 거라고 두려워하기도 한다. 결국 은밀한 두려움 때문에 움직이는 영적인 일 중독자가 되어, 예수님의 이름으로 주위 모든 사람을 괴롭힌다. 또는 전문가가 아닌 사람에게 복음 전파는 너무 어려운 일이라고 혼자 확신하며 완전히 포기해

버리기도 한다.

그러나 평화의 복음은 우리의 마음을 고무시켜 좋은 소식을 전하고 싶게 만들기도 하지만, 복음을 힘껏 외칠 수 없거나 마음이 내키지 않을 때도 평안을 준다. 복음은 우리 하나님이 우리가 복음을 전파할 때도 다스리시지만 그 외 모든 경우에도 다스리신다는 사실을 상기시킨다. 어느 누구도 당신이나 나의 실패 때문에 영원히 잃어버리는 일은 없을 것이다. 하나님은 우리에게 그러한 능력을 주시지 않았다. 하나님은 무에서 만물을 창조하셨고, 그분이 손가락만 튕겨도 제국이 일어나고 망할 수 있다. 하나님은 세상을 향한 구속 사역이 좌초되는 일이 발생하지 않도록 당신이나 내가 하나님께 순종해서 복음을 전해주기를 숨죽이며 지켜보는 분이 **아니다**.

예수님 자신이 이미 복음의 전령이시다. 우리는 "그러므로 너희는 가서 모든 민족을 제자로 삼아 아버지와 아들과 성령의 이름으로 세례를 베풀고 내가 너희에게 분부한 모든 것을 가르쳐 지키게 하라"는 지상 명령을 인용할 때, 종종 다음의 마지막 부분을 잊어버린 것처럼 보인다. "볼지어다 내가 세상 끝날까지 너희와 항상 함께 있으리라"(마 28:19-20). 예수님은 성령님으로 우리와 함께하시며, 우리의 둔한 입을 열어 말하게 하시고 열린 귀와 부드러운 마음을 예비하셔서 그분의 진리를 받게 하신다. 예수님은 여전히 이방인에게 좋은 소식을 전하시며 깊은 어둠 가운데 거하는 이들에게 큰 빛을 밝히고 계신다. 마지막 날에 예수님은 그의 양 떼 중 한 마리도 잃어버리지 않으실 것이다. 모든 양이 그곳에 있을 것이고 계수될 것이다.

이 지식을 통해 우리는 말할 수 있는 담대함과 쉬게 되리라는 확신을 얻게 된다. 우리 자신이 죄에서 깨끗함을 받았고 다른 이에게 어디에서 죄 씻음을 받을 수 있는지 말하는 권세를 받았다. 다니엘 T. 나일스의 유명한 말처럼, "복음 전도란 거지가 다른 거지에게 어디서 빵을 얻을 수 있는지 말해주는 것이다."[9] 동시에 우리는 자신이 주위 모든 이의 구원을 책임지는 것이 아니라는 사실도 알게 되었다. 그것은 하나님이 하시는 일이지 우리 일이 아니다.

예수님은 자격 없고 때로는 감사할 줄 모르는 오합지졸 제자 무리는 물론, 그다지 반응이 없는 유대 청중들에게도 평화의 좋은 소식을 끈질기고 신실하게 말씀하셨다. 예수님은 한 번도 메시지를 거부하는 자들 때문에 낙담하지 않으셨다. 예수님의 궁극적인 열망은 언제나 아버지의 뜻을 행하는 것이지, 사람들이 그를 믿게 하는 것이 아니었기 때문이다. 예수님은 오랜 경주 내내 그 목적에 시선을 두셨고, 그렇게 우리가

---

9) D. T. Niles, *That They May Have Life* (New York: Harper & Brothers, 1951), 96.

우리의 경주를 하며 눈을 둬야 할 목적이 되셨다. 예수님보다 덜 광적이면서 더 평화로운 사람이 있었던가? 예수님보다 할 일 목록에 더 많은 일거리를 기록한 사람은 아무도 없었다. 복음을 전하고, 아픈 자를 고치고, 제자를 훈련하고, 세상을 구원하는 일들 등등. 하지만 그 모든 분주함 가운데 평화를 누리셨고 사람을 위해 시간을 내셨으며 삶을 위해 시간을 내셨다. 그리고 무엇보다 하나님과 함께 하는 시간을 내셨다. 예수님은 아버지의 은혜를 얻어내고자 쉴새 없이 노력하며 지내지 않으셨다. 그는 아버지가 그날 그의 앞에 두신 선한 일에 만족하며 쉴 수 있으셨다. 자신을 들들 볶으며 분주하게 사는 우리와 대조적으로 예수님은 하나님의 속도에 맞춰 살아가는 삶을 보여주셨다. 게으르거나 나태하지 않으면서도 내몰리지 않고, 그리스도의 임재라는 좋은 소식을 아버지가 허락하신 모든 이에게 잠잠히 전하셨다. 예수님은 우리를 위해 그렇게 하셨고 그럼으로 우리 역시 하나님과 평화를 누리게 되었다. 이것이 우리를 위한, 그리고 우리 주위 모든 이와 누려야 하는 좋은 소식의 메시지다.

### 더 깊은 묵상을 위하여

1. 왜 만물을 다스리는 분이 우리 하나님이라는 사실을 깨닫는 것이 좋은 소식인가?

2. 하나님이 당신의 삶에서 다스리신다는 사실과 경쟁하는 우상은 무엇인가?

3. 하나님의 평화에서 유익을 얻을만한 누군가를 아는가? 이 좋은 소식을 전하고 싶은 서너 사람의 목록을 작성하라. 그리고 하나님께 그런 대화를 나눌 기회를 만들어달라고 구하라.

4. 좋은 소식을 가지고 나아가려는 우리의 노력에는 흠이 많다. 어떻게 그 가운데에서도 예수님은 우리에게 평화를 주시는가?

# 5
# 믿음의 방패

에베소서 6:16

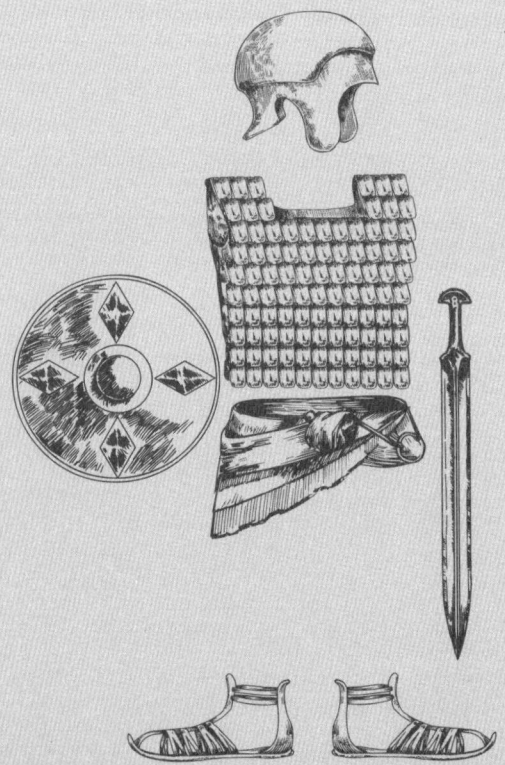

믿음의 절대적 가치는 많은 영화의 핵심 주제이다. 아무리 불가능해 보여도 주인공은 믿고 승리를 거둘 것인가? 아니면 의심에 굴복해서 실패할 것인가? 예상대로 믿음이 이긴다. 주인공은 믿기로 선택하고 모든 것은 잘 마무리된다. 하지만 정확히 우리는 무엇을 믿어야 하는가? 이 부분이 종종 모호하다. 우리 자신을 믿는 믿음인가? 팀워크의 힘을 믿는 믿음인가? 운명을 믿는 믿음인가? 그것도 아니면 도대체 무엇인가? 이러한 영화에서 믿는 대상은 그다지 중요해 보이지 않는다. 중요한 것은 그저 '믿음을 고수'하고 '믿기를 멈추지 않는' 것이다.

문화가 일반적으로 이 점에 집중한 결과, 사람들은 때로 이렇게 말한다. "저도 기독교를 믿고 싶지만, 죽은 사람의 부활은 믿어지지 않아요. 그래도 당신이 그렇게 믿는다는 점은 멋지다고 생각해요. 믿음이 있다니 잘됐네요." 그런 사람들은 성경이 말하는 믿음의 개념을 이해하지 못한 사람이다. 성경이 말하는 믿음의 개념은 현실에 뿌리내린 것이기 때문이다. 굳건한 토대가 없는 믿음은 전혀 쓸모가 없다. 그런 믿음은 거짓이고 사람을 잘못 인도한다. 나는 깡마르고 딱히 빠르지도 않은 오십 넘은 아저씨지만 아직 프로 럭비 선수로서의 미래가 있다고 굳게 믿을 수도 있다. 하지만 솔직히 말하면 그런 일은 절대로 일어나지 않을 것이고, 그건 내가 열다섯 살일 때도 마찬가지였다.

성경의 관점에서, 믿음이 의미를 지니려면 언제나 굳건한 근거가 있어야 한다. 그렇지 않으면 믿음이란 그저 장엄한 거짓에 불과하다. 회의론자인 암브로스 비어스는 믿음을 "비교 대상이 없는 것에 대해, 지식 없이 말하는 사람에게 들은 바를 증거 없이 믿는 것"[10]이라고 했지만, 사실 그렇지 않다. 바울은 고린도인들에게 말했다. "만일 그리스도 안에서 우리가 바라는 것이 다만 이 세상의 삶뿐이면 모든 사람 가운데 우리가 더욱 불쌍한 자이리라"(고전 15:19). 만약 예수 그리스도의 부활이 신화나 공상이라면, 부활은 몇몇 사람이 더 행복하고 더 도덕적인 삶을 살게 한다는 이유로 용인하거나 권장할만한 매력적인 망상이 아니다. 부활을 믿는 믿음은 부활이 실제 사실일 때만 의미가 있다. 성경이 말하는 참된 믿음은 믿는 행위 자체에 내재하는 어떤 능력이 아니라 그 믿음의 대상에서 나오는

---

10) Ambrose Bierce, *The Devil's Dictionary* (New York: Sagamore Press, 1957).

것이다. 믿음은 하늘과 땅을 창조하시고 그분과의 관계를 위해 우리를 지으신, 전적으로 신뢰할만하고 전능하신 하나님과 우리를 연결하는 도구에 불과하다.

우리가 다루는 본문에서 바울이 말하는 믿음이 바로 이것이다. "모든 것 위에 믿음의 방패를 가지고 이로써 능히 악한 자의 모든 불화살을 소멸하고"(엡 6:16). 바울은 믿음 자체에 사탄에게서 우리를 보호하는 놀라운 능력이 있다고 말하지 않는다. 대신 믿음이 우리를 사탄의 공격에서 보호할 수 있는 것은 우리가 믿음을 통해 붙잡는 대상 때문이라고 말한다. 즉 하나님의 능력과 보호이다.

### 하나님이 우리 방패시다

구약성경에서 방패라는 이미지를 어떻게 사용했는지 들여다보면 이 사실은 분명해진다. 구약성경 내내 우리의 방패로 묘사되는 대상은 믿음이 아닌 하나님이다. 창세기 15장 1절에서 주님은 아브라함에게 말씀하신다. "두려워하지 말라 나는 네 방패요 너의 지극히 큰 상급이니라." 잠언 30장 5절은 이렇게 말한다. "하나님은 그를 의지하는 자의 방패시니라." 같은 주제가 시편에서도 여러 차례 반복된다. 예를 들어 시편 3편 3절에서 다윗은 "여호와여 주는 나의 방패시요 나의 영광이시요 나의 머리를 드시는 자이시니이다"라고 했으며, 시편 28편 7절에서는 "여호와는 나의 힘과 나의 방패이시니"라고 말한다. 시편 119편 114절에서 시편 작가는 주님께 말한다. "주는 나의 은신처요 방패시라 내가 주의 말씀을 바라나이다."

아마도 에베소서 6장 말씀과 가장 가까운 평행구절은 시편 91편일 것이다. 이 시편은 전쟁, 전염병, 재앙, 대적의 화살이라는 공격을 당하고 있는 어느 믿는 자를 다룬다. 많은 주석가는 이 시편에 묘사된 공격에 영적인 차원이 있다고 본다. 시편 기자는 전방위적 공격 가운데서도 자신이 안전하다고 단언한다.

> 이는 그가 너를 새 사냥꾼의 올무에서와
> 심한 전염병에서 건지실 것임이로다
> 그가 너를 그의 깃으로 덮으시리니
> 네가 그의 날개 아래에 피하리로다
> 그의 진실함은 방패와 손 방패가 되시나니
> 너는 밤에 찾아오는 공포와
> 낮에 날아드는 화살과
> 어두울 때 퍼지는 전염병과
> 밝을 때 닥쳐오는 재앙을 두려워하지 아니하리로다(시 91:3-6).

하나님이 우리의 방패시며, 우리의 피난처이시다. 하나님이 어려운 날에 우리가 피할 곳이다. 우리가 불화살로 공격당할 때 하나님의 신실하심이 우리를 안전하게 지키실 것이다.

## 믿음의 방패

구약은 하나님이 우리 방패라고 말했는데 왜 바울은 믿음이 우리 방패라고 하는가? 믿음은 우리가 피난처인 하나님께 달아나는 방법이다. 믿음은 어렵고 슬플 때 우리가 하나님께 매달리고 하나님 안에 위로와 보호를 찾는 방법이다. 당신이 바다에 떨어져 죽어가고 있다고 상상해보라. 당신은 수영도 할 줄 모르고, 자신을 구하기 위해 할 수 있는 일이 아무것도 없다. 그런데 그때 누군가 당신에게 줄을 던진다. 그 줄을 잡으면 안전하게 물에서 건져질 것이다. 하지만 구조되기 위해서는 몇 가지 조건이 필요하다. 첫째, 당신은 그 줄이 존재한다는 사실과 더불어 그 반대편 끝에 누군가 있다는 사실을 믿어야 한다. 만약 줄이 없다면 붙잡을 것도 없다. 줄 끝에 아무도 없다면 줄을 잡아봐야 마찬가지로 의미가 없다.

하지만 줄이 있고 줄 끝에 누군가 있다는 사실을 믿는 것으로도 충분하지 않다. 당신은 그 줄 끝에 있는 사람이 당신을 도우려고 한다는 사실을 확신해야 한다. 만약 전쟁 중이고 줄 끝에 있는 사람이 적이라면, 그 줄을 잡아도 의미가 없다. 어쨌든 적군은 당신을 쏠 것이기 때문이다. 하지만 그 줄의 끝에 있는 사람이 당신과 절친한 친구라면 당신은 자신 있게 그 줄을 잡을 것이다. 그래도 당신이 그 줄을 실제로 잡지 않는다면 이 모든 것을 믿어도 여전히 물에 빠져 죽고 말 것이다. 당신의 모든 믿음이 당신을 필요한 행동으로 이끌지 않는다면 어떤 유익도 되지 않는다.

위 그림은 그리스도인이 믿음을 말할 때 무슨 의미인지 이해하는 데 도움이 된다. 믿음은 그저 "나는 하나님을 믿습니다"라고 말하는 것이 아니다. 바울이 의도하는 바는 만물의 주권자에 대한 그런 식의 포괄적인 믿음이 아니다. 바울은 하나님을 구체적으로 믿는 믿음을 이야기한다. 세상을 이처럼 사랑하셔서 자신의 독생자를 주시고 우리가 멸망하지 않고 영생을 얻게 하신 분으로 말이다.

하지만 우리가 믿음을 성경적 용어로 정의할 줄 안다고 해도 아직 우리의 믿음은 원수의 불화살에 맞서는 방패가 아니라고 고백해야 할지도 모른다. 우리가 삶에서 엄청난 스트레스와 시련을 겪을 때 우리의 믿음이 언제나 우리를 위로하고 지지하는 현실은 아니라는 말이다. 당신이 영적 또는 감정적 폭풍 속에 있는데, 당장 당신의 믿음은 방패로 작동하지 **않을** 수 있다. 믿음의 방패를 가장 필요로 할 때 정작 당신은 하나님이 의도하신 대로 그것을 집어 들고 사용할 수 없다고 느낄지도 모른다.

왜 당신의 믿음은 폭풍 가운데 있는 당신에게 방패가 되지 못하는가? 글쎄, 당신을 순간 바다로 다시 던져 버린다면 줄 끝에 누군가 있다는 단순한 믿음으로는 충분하지 않을 것이다. 저기 어딘가에 하나님이 존재한다는 사실을 믿는 것만으로는 충분하지 않다. 당신은 하나님이 원하신다면 당신을 구원하실, 즉 당신을 바다에서 끌어내실 힘이 있다는 사실을 알아야만 한다. 믿음이 당신의 방패가 되려면 우주의 모든 사소한 일까지도 하나님이 주관하신다고 믿어야 한다. 당신은 하나님이 사람과 국가의 일뿐 아니라 교통사고, 해고, 건강 문제, 관계의 어려움 등도 결정하신다는 사실을 알아야 한다. 만유의 주재이신 하나님이 그렇게 되도록 명하셨기 때문에 이런 일들이 우리 삶에 찾아오는 것이다. 우리의 기능적 불신앙(functional unbelief)이 줄곧 문제가 되는 지점이 바로 여기다. 우리는 이론상으론 하나님의 주권 교리를 고백할지 모르지만, 타락한 세상에서 절망적일 정도로 힘든 인생의 도전을 당할 때도 그 진리를 고수하기란 쉽지 않다. 우리 주위의 악한 세력은 너무나 강하고 세상은 완전히 통제 불능처럼 보이기 때문이다.

믿음을 방패로 경험하기 위해서는 하나님께 능력이 있다

는 사실뿐 아니라 그 하나님이 당신의 친구라는 사실도 알아야 한다. 주권자 하나님이 당신 편이라는 사실을 믿지 않는 한 하나님의 주권은 조금도 위안이 되지 않는다. 여기에서 또 우리는 자주 씨름한다. 인생의 극심한 고통 한가운데를 지날 때 하나님이 정말 우리 편이신지 믿기 어렵기 때문이다. 하나님께 간절하게 기도했지만 아무 일도 벌어지지 않기도 한다. 그러면 의심이 우리 안에 쉽사리 스며든다. 하나님이 당신을 **위하신다는** 사실을 믿지 못한다면 하나님을 믿는 믿음은 당신을 보호하지 못한다.

### 진리 위에 세워진 믿음

그래서 우리가 진리인 하나님 말씀 위에 믿음을 세우는 일이 중요하다. 하나님이 존재하시는지, 하나님이 어떤 분이신지에 대한 우리의 감정은 파도처럼 오르내린다. 하지만 성경에 있는 하나님의 진리는 영원불변하다. 하나님이 우리 편이신가? 라는 질문에 대해 성경은 뭐라고 답하는가? 이상하게 들리겠지만, 하나님이 기계적으로 모든 사람의 편은 아니라는 사실을 인정하는 것으로 시작한다. 하나님은 모든 사람이 행복하고 충만한 삶을 영위하도록 만들어 주시는 하늘에 계신 맘씨 좋은 할아버지가 아니다.

에베소서 2장에서 바울은 에베소인들에게 그리스도인이 되기 전 그들의 본래 상태가 어땠는지 언급한다. 바울은 근본적으로 이렇게 이야기하고 있다. "당신들은 죄와 허물로 죽었습니다. 당신들은 본질상 하나님이 진노를 내릴 대상이었습니다. 하나님은 당신들의 편이 아니셨습니다. 당신들은 그분의 원수였고 하나님은 당신들의 원수였기 때문이죠. 당신들은 물에 빠져 죽어가고 있지만 하나님께 요구할 수 있는 것은 아무것도 없었습니다. 하나님께는 당신들에게 줄을 던지실 이유가 전혀 없으셨거든요. 당신들은 하나님께 그리고 하나님이 명하신 일에 철저히 거역했기 때문입니다." 이는 단지 에베소 사람뿐 아니라 우리 모두에게도 해당하는 사실이다. 우리는 모두 본질상 완전히 길을 잃었다.

몇몇은 이 사실을 받아들이기 힘들어한다. 그들은 말하길, "잠깐만요. 저는 하나님의 원수가 아닙니다. 저는 그분의 존재를 믿어요. 저는 좋은 사람이 되려고 노력도 했고요. 심지어 종종 교회에도 나갔습니다." 하지만 문제는 하나님이 당신에게 얼마나 철저한 요구를 하시는지 깨닫지 못했다는 점이다. 하나님이 이스라엘에게 주신 첫 번째 계명은 "너는 나 외에는 다른 신들을 네게 두지 말라"(출 20:3)이다. 다시 말해 하나님은 이렇게 말씀하신 것이다. "네게 나보다 더 소중한 것이 없게 하라." 이제 우리 중 누가 이 계명을 지켰다고 진심으로 말할 수 있는가? 우리는 부모님을 공경하라(12절), 살인하지 말라(13절), 간음하지 말라(14절), 도둑질하지 말라(15절), 탐내지 말라(17절) 는 계명들도 지키지 못한다!

우리의 행동뿐 아니라 생각까지도 문제가 된다는 사실을 기억한다면 더욱 그렇다(마 5:21-28 참고). 우리 중 어느 누가 다른 사람이 가진 것을 전혀 부러워하지 않았는가, 또는 누군가를 보고 정욕을 품지 않았는가, 아니면 죄악된 마음으로 화를 내지 않았는가? 게다가 우리는 잘못하는 법을 배우기 위해 노력한 적이 없었다. 나는 자녀에게 많은 것을 가르쳤다. 신발 끈을 묶는 법이라든지, 코를 닦는 법, 해주세요 또는 고맙습니다 라고 말하는 방법 등등 말이다. 하지만 나는 한 번도 "자 이게 죄짓는 법이야"라고 말해준 적이 없다. 아이들은 그냥 자연스럽게 죄를 지었다. 내가 그랬듯이 말이다. 우리는 본질상 하나님의 원수로 태어났다. 우리는 우리가 저지른 반역 가운데 빠져 죽어갔기 때문에 하나님이 우리를 구조하실 이유는 전혀 없었다.

하지만 하나님은 그렇게 하셨다. 이것이 기독교의 놀라운 메시지다. 우리는 하나님의 원수였다. 그리고 우리가 할 수 있는 일은 한 가지도 없었다. 심지어 우리는 무언가를 하고 싶어 하지도 않았다. 하지만 긍휼이 풍성하신 하나님이 그리스도 안에서 우리를 살리셨다(엡 2:4). 그분은 우리가 바른 방향으로 수영하기를 기다리지 않으신다. 그리스도 안에서 하나님은 자신이 우리 편이심을 증명하기 위해 직접 의심의 그림자를 넘어 우리에게 헤엄쳐 오신다. 하나님은 복음이라는 위대한 교환을 통해 이 일을 하신다. 즉 성부 하나님께서 이제껏 살았던 사람 중에 유일하게 죄 없으신 예수님을 죄 있는 우리와 같이 여기시고, 죄인인 우리를 무죄하다 하신다. 성부 하나님은 죄에 대한 그분의 모든 분과 노를 아들에게 쏟아부으셨다. 십자가에서 예수님은 그의 모든 백성의 무수한 죄가 마땅히 받아야 할 육체적, 정신적, 영적 괴로움을 당하셨다. 십자가는 역사를 거슬러 올라가 구약 시대 하나님의 백성이 지은 죗값도 치렀고, 역사의 끝까지 도달해 신약 시대 모든 하나님의 백성이 지은 죗값도 치렀다. 당신이 현재를 살아가는 그리스도인이라면, 당신의 과거, 현재, 미래 모든 죄의 대가가 십자가에서 이미 치러진 것이다.

이제 당신은 하나님의 친구다. 당신은 하나님과 화목하게 되어 그분이 줄을 던지실 때 당신을 끌어주실 것이라고 확신할 수 있다. 당신의 믿음이 얼마나 강한지 또는 당신이 얼마나 신실한지는 중요하지 않다. 당신의 안전은 예수님이 당신에게 신실하셨다는 사실에 있다. 우리가 믿음을 두는 그분의 능력은 확실하고도 분명한 우리의 소망이다.

## 믿음은 하나님의 약속을 가리킨다

사탄과 벌이는 영적인 전쟁에서 악한 자가 쏘는 불화살이 날아올 때, 믿음은 어떻게 당신을 지키고 힘을 주는가? 첫째, 믿음은 우리의 눈이 **하나님의 약속**을 향하도록 만든다. 히브리서 저자가 말하듯이 믿음이란 보지 못하는 것을 바라고 확신하는 것이다(히 11:1). 믿음은 이 전쟁이 전부가 아니라는 사실을 일깨운다. 하나님은 우리에게 그분의 임재 안에 놀라운 미래를 약속하신다. 우리에게는 그리스도 안에서 누릴 영광스러운 기업이 준비되어 있다. 이에 비하면 우리가 당하는 현재의 어려움은 사소하고 일시적인 고통에 불과하다. 여정의 끝이 눈앞에 있다.

나는 믿음으로 나 자신에게 하나님의 약속을 상기시킴으로써 그 진리를 붙든다. 하나님은 내가 이해할 수 없는 절망적인 시험을 통과할 때도 함께 하신다고 약속하신다(시 23:4). 하나님은 그분을 사랑하고 그분의 목적대로 부르심을 받은 자들에게 모든 것이 합력하여 선을 이룬다는 확신을 주신다(롬 8:28). 내가 이것을 아는 것은 하나님이 말씀으로 내게 약속하셨기 때문이다. 하나님은 자신의 신실하심을 입증하셨다. 따라서 나는 앞날이 어떻게 될지는 모르지만 하나님이 그의 손으로 그것을 붙들고 계심은 안다. 나는 내가 어떤 끔찍한 일을 저지를

지, 주위 사람이 내게 어떤 죄를 범할지도 알지 못하지만 나는 하나님이 그런 일들도 주관하신다는 사실을 안다. 믿음은 내게 다음과 같이 상기시켜 준다. "하나님은 이 상황도 해결해 주겠다고 약속하셨고, 나는 하나님이 그렇게 하시리라 믿어. 하나님과 나는 십자가를 통해 화목하게 되었기 때문이지. 나를 그토록 사랑하시는 하나님은 이 순간에도 나를 버리지 않으실 거야. 또한 나의 성장과 성화를 위해 꼭 필요한 게 아니라면 하나님은 아주 사소한 고통도 내 삶에 주지 않으셔."

믿음은 가장 어두운 날에도 하나님의 약속을 붙잡도록 돕는다. 악한 자들은 당신에게 불화살을 쏘며 이렇게 말할 것이다. "하나님은 너를 별로 신경쓰지 않으셔. 그랬다면 이런 나쁜 일이 일어나지 않았겠지." 믿음은 이 불을 끈다. 부모가 어린아이에게 주사를 맞히려고 할 때와 같다. 주삿바늘이 가까워질수록 영문을 모르는 아이는 부모에게 더 매달린다. 마찬가지로 삶의 바늘이 두렵게 다가올 때 우리는 믿음으로 하나님께 더 기대고 매달린다. 다 이해할 수는 없지만 하나님이 우리를 사랑하신다는 사실을 알기 때문이다.

## 믿음은 하나님의 능력을 붙잡는다

사탄이 이렇게 말하며 유혹할 때가 있다. "너는 어쩔 수 없어. 결국에는 이 유혹에 넘어가고 말 거라는 걸 너도 알잖아. 내가 너보다 강하기 때문이지." 믿음은 이 불을 끈다. 믿음은 하나님의 말씀을 기억나게 한다. "너희 안에 계신 이가 세상에 있는 자보다 크심이라"(요일 4:4). 나는 사탄을 당할 수 없다. 하지만 하나님은 하신다. 유혹 가운데 믿음으로 우리는 아버지의 더 큰 능력을 의지한다. 우리가 혼란스러운 상황에 있을 때 믿음은 우리에게 아버지의 지혜를 가리킨다. 어쩌면 나는 어떤 사람에게 무슨 말을 해야 할지 모를 수도 있다. 하지만 하나님은 나에게 필요한 것을 아신다. 어쩌면 문제 상황을 해결할 방법이 전혀 보이지 않을 수도 있다. 하지만 하나님은 미래를 아시기에, 나는 믿음으로 적절한 때에 모든 것이 분명해지리라 신뢰한다. 우리는 믿음으로 아버지의 더 큰 지혜를 의지한다.

실제로 우리가 믿음으로 기도할 때마다 우리는 하나님의 능력과 지혜를 의지하는 것이다. 기도는 우리가 요청한 일을 하나님이 하시도록 만들거나, 우리의 지혜를 따라 하나님이 만물에 명령을 내리시도록 하는 속임수가 아니다. 기도할 때 우리는 하나님이 우리에게 가장 선한 일을 행하신다는 사실을 알고, 하나님의 위대한 능력과 사랑을 신뢰하며 우리의 염려와 요청을 하나님께 가져다드린다. 이렇듯 하나님의 능력과 우리를 향한 사랑을 확신하는 것이 믿음의 본질이다. 우리는 기도할 때 하나님이 우리 편이심을 고백한다. 우리는 하나님이 모든 상황마다 위대한 능력과 지혜를 갖고 계심을 인정한다. 이 모든 것을 믿는 이유는 긍정적 사고의 자기 최면 때문이 아니라, 결정적 증거인 예수 그리스도의 죽음과 부활 때문이다. 그리스도의 죽음에서 죄인이자 반역자인 우리를 포기하지 않으시는 하나님의 사랑을 봤기 때문이다. 그리스도의 부활에서 죄인은 멸하지 않고 죄를 단번에 멸하시는 하나님의 능력이 드러나는 것을 봤기 때문이다. 그리스도는 부활을 통해 그분이 나타나실 날에 내 안에 그분과 같이 영원하고 거룩하고 순전한 생명을 주시기 위해 자신을 버리셨다.

## 나의 믿음 없음을 도우소서!

한 가지를 더 이야기해야겠다. 우리가 전심으로 하나님이 주권자이시며 선하시다는 사실을 믿지 못할 때도 종종 있기 마련인데 그렇다고 진리가 바뀌지는 않는다. 우리는 끊임없이 이렇게 울부짖는다. "주님, 내가 믿습니다. 나의 믿음 없음을 도우소서!" 그러면 주님은 그렇게 하신다. 기억하라. 궁극적으로 우리를 보호하는 것은 우리의 믿음이 아니라 하나님 자신이시다. 우리 믿음의 방패가 흔들리고 떨어져 나갈 때 주님의 강하고 능한 방패가 언제나 거기에 있어 사탄의 공격에서 우리를 지켜주신다. 누가복음 22장 31-32절에서 예수님은 베드로에게 말씀하셨다. "사탄이 너희를 밀 까부르듯 하려고 요구하였으나 그러나 내가 너를 위하여 네 믿음이 떨어지지 않기를 기도하였노니." 처음 나오는 '너희'는 헬라어로 복수이다. 사탄은 베드로에게 했듯이 우리 모두를 밀처럼 까부르려고 한다. 그리고 하나님은 그런 일이 벌어지도록 허용하신다. 하나님은 사탄의 화살을 피하지 못하는 우리의 무능력함을 통해 우리 믿음이 철저하게 약하다는 사실이 드러나도록 허락하신다. 베드로와 첫 제자들이 그러했듯이 말이다.

예수님은 베드로가 사탄에 까불림을 당하지 않도록 기도하지 않으셨다. 예수님은 베드로가 까불림을 당할 때 그의 믿음이 떨어지지 않기를 기도하셨다. 위대한 대제사장이신 예수님은 당신을 위해서도 이렇게 기도하신다. 당신이 시험을 받고 여러 차례 실패를 겪는 중에 당신의 믿음이 떨어지지 않도록 말이다. 여기에 정말 좋은 소식이 있는데, 예수님의 기도는 언제나 응답받는다.

믿음은 우리를 복음 안에 있는 하나님의 약속이라는 근본적인 실재와 연결해주는 방패다. 믿음으로 예수 그리스도의 죽음에서 드러난 하나님의 선하심이 당신을 천국으로 인도한다는 사실을 신뢰하라. 믿음으로 하나님이 당신 앞에 던지신 줄을 잡아라. 하나님이 직접 당신을 안전하게 집으로 데려가신다는 사실을 확신하라. 믿음으로 하나님의 능력, 즉 예수 그리스도를 죽은 자 가운데서 살리시고 하나님 우편에 앉히신 능력을 신뢰하라. 믿음으로 그리스도 안에서 당신을 향한 하나님의 흔들리지 않는 사랑을 신뢰하라. 그 사랑은 절대로 당신을 내버려 두지 않는다. 당신이 하나님의 선하심과 능력과 사랑을 신뢰한다면 당신은 악한 자의 불화살을 무력화할 방패를 소유한 것이다. 그리고 더 중요한 사실은 당신의 믿음이 아무리 약할지라도 죽음의 문을 지나 영원한 생명으로 들어가기까지 당신은 하나님의 신실하심 안에서 그 방패를 소유했으며, 그 방패는 분명히 당신을 지킨다는 것이다.

**더 깊은 묵상을 위하여**

1. 최근에 하나님을 믿는 것이 당신에게 강력한 방패가 되었던 상황을 생각해보라.
2. 왜 당신의 믿음을 진리 위에 세우는 일이 중요한가?
3. 당신은 하나님의 능력, 하나님의 사랑, 하나님이 당신에게 관심을 가진다는 점 중에서 어떤 것을 믿기가 가장 힘든가?
4. 예수님의 죽음과 부활은 당신의 믿음을 어떻게 고무하는가?

# 6
# 구원의 투구

에베소서 6:17

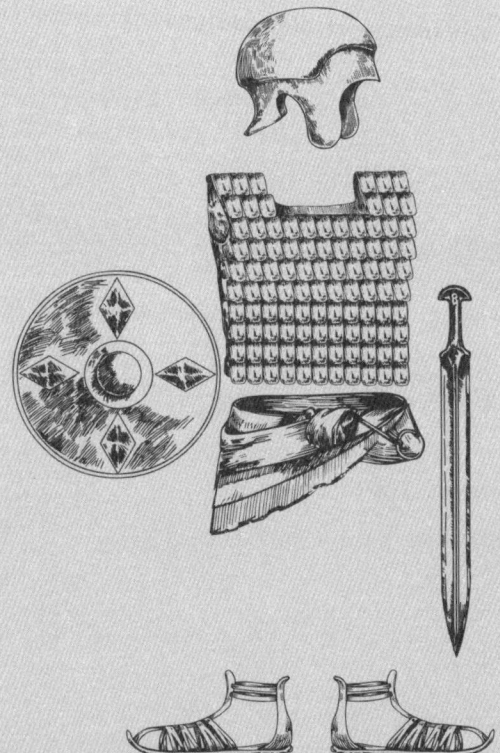

집을 나오기 전에 신발 신는 일을 잊어버리는, 있지 않을 법한 상황을 생각해보자. 그렇다 해도 자갈길에 한 걸음만 내디디면 곧 신발을 신지 않았다는 사실을 깨달을 것이다. 다른 물건은 그렇게 빠르게 생각나지 않을 수 있는데, 예를 들어 우산이 그렇다. 나는 버스에 우산을 놓고 내린 적이 몇 번이나 있다. 하지만 비가 내리고 빗방울을 맞기 전까지는 전혀 우산을 찾지 않았다. 하지만 그때는 이미 너무 늦었고 결국 흠뻑 젖고 말았다.

군사의 투구는 어떨까? 신발 같이 잊기 어려울까, 아니면 우산 같이 기억하기 어려울까? 분명히 투구는 쉽게 잊는 물품일 수 있다. 위기가 닥치고 총알이 날아다니기 전까지는 군인도 그 필요성을 잘 느끼지 못한다. 삶이 어려워지면 당신이 쓴 것이 무엇으로 만들어졌는지 살펴보게 된다. 당신이 쓴 것은 투구인가 아니면 햇빛을 가려주기는 하지만 검을 비껴가게 하지는 못하는 축 늘어진 모자인가?

## 공의와 구원

바울은 그리스도인이 머리에 쓸 것을 '구원의 투구'라고 부른다. 이 형상은 의의 호심경과 마찬가지로 이사야 59장 17절에 나오는 무장하신 하나님의 묘사에서 빌려온 것이다. 사실 이사야에서 하나님의 공의와 하나님 백성의 구원은 흔히 함께 일어난다. 이 둘 사이에는 인과관계가 있다. 하나님의 의는, 자신의 백성에게 주신 모든 약속을 성취하시는 신뢰할 수 있는 언약으로서, 모든 적으로부터 그들을 구원하기 위해 하나님이 역사하신다는 것을 의미한다. 여기서 적이란 앗수르나 바벨론과 같은 육체의 적뿐만 아니라 가장 거대한 적인 그들의 죄, 그리고 그 죄로 인한 하나님과의 분리를 포괄한다. 이사야 51장에서 주님은 선포하신다.

내 공의가 가깝고
내 구원이 나갔은즉
내 팔이 만민을 심판하리니
섬들이 나를 앙망하여
내 팔에 의지하리라
너희는 하늘로 눈을 들며
그 아래의 땅을 살피라

하늘이 연기 같이 사라지고

땅이 옷 같이 해어지며

거기에 사는 자들이 하루살이 같이 죽으려니와

나의 구원은 영원히 있고

나의 공의는 폐하여지지 아니하리라


의를 아는 자들아, 마음에 내 율법이 있는 백성들아,

너희는 내게 듣고

그들의 비방을 두려워하지 말라

그들의 비방에 놀라지 말라

옷 같이 좀이 그들을 먹을 것이며

양털 같이 좀벌레가 그들을 먹을 것이나

나의 공의는 영원히 있겠고

나의 구원은 세세에 미치리라(5-8절).

하나님의 공의로 이스라엘의 궁극적인 구원이 보장되었다. 하나님의 백성은 바벨론 유수라는 매우 실제적인 시험과 더불어 그들의 죄 때문에 주님께 버려졌다는 의심 한가운데서도, 하나님의 약속이 실패하지 않는다는 확실한 희망으로 격려를 받을 수 있었다. 사람은 왔다가 간다. 제국은 융성하고 쇠퇴한다. 심지어 땅과 하늘조차도 오래된 옷처럼 언젠가 낡아진다.

꺼져가는 불에서 피어오르는 연기처럼 사라질 것이다. 하지만 의로우신 주님은 자기 백성의 구원과 회복을 포함한 모든 약속을 성취하셔야만 하고, 성취하실 것이다. 이 굳건한 하나님의 약속이 삶의 시험과 고난 가운데서도 하나님이 결국 자기 백성을 구속하신다는 확실한 희망의 근거를 제공한다. 그래서 데살로니가전서 5장 8절에서 바울은 이를 "**구원의 소망의 투구**"라고 더 자세하게 묘사한다. 그리스도인의 투구는 구원의 확실한 소망이다.

## 구원의 소망

이 지점에서 우리는 구원의 소망이라고 할 때 그것이 무엇을 의미하는지 분명히 해야 한다. 사람은 대부분 구원받기를 바란다. 아무도 지옥에 가고 싶어 하지 않는다. 그리고 많은 사람이 실제로 자신이 지옥에 가리라고는 생각하지 않는다. 하지만 바울이 구원의 소망이라고 할 때 의도한 바는 이런 것이 아니다. 전투 장비의 관점으로 보면, 그런 종류의 '구원받겠다는 희망'은 햇빛 가리개 정도에 불과하다. 편할지는 모르지만, 전투가 치열해지면 그다지 도움이 되지 못한다. 소망이란 모든 것이 결국에는 다 잘될 거라는 모호한 낙천주의가 절대 아니다. 대신 소망이란 사람이 어디서 영원을 보낼지에 대한 분명한 확신이다. 성경이 말하는 소망이란 그 소망에 대한 이유를 제시할 수 있을 정도로 당신이 충분히 확신하는 것이다 (벧전 3:15 참고). 하지만 많은 사람은 자신이 천국에 가리라는 어렴풋한 느낌에 대해 합당한 이유를 대지 못한다.

한 전도 프로그램은 사람들에게 다음과 같이 질문할 것을 제안한다. "당신이 오늘 밤 죽어서 하나님이 당신에게 '왜 내가 너를 나의 천국에 들여보내야만 하느냐?'라고 묻는다면 당신은 어떻게 답할 것인가?" 좋은 질문이다. 하지만 많은 사람이 이 질문에 대한 답이 없다. 그들은 하나님이 왜 자신을 천국에 들여보내 주셔야 하는지에 대한 분명한 이유를 생각해내지 못한다.

어떤 이는 답한다. "저는 십계명을 지키고, 나 자신을 사랑하듯이 다른 사람을 사랑하려고 최선을 다했습니다. 저는 전반적으로 다른 사람보다 못한 점은 없다고 생각합니다." 이런 사람은 자신의 소망에 대한 이유가 있기는 하지만 그 이유는 매우 불확실하다. 천국에 들어가기 위해 당신의 선함에 의지한다면, 당신이 어디로 가게 될지는 절대 확신할 수 없을 것이다. 얼마나 선해야 하나님의 기준에 부합하는 것인가? 이후에 당신이 끔찍한 일을 저지르게 된다면? 내 마음을 들여다보고 내가 매일 생각하고 행동으로 옮겼던 그 모든 나쁜 짓들을 확인하게 된다면, 내 기록에 근거해서 천국에 갈 확률은 거의 없다는 사실을 알 것이다. 나의 선함으로는 천국에 가리라고 절대 **확신할** 수 없다.

하지만 성경은 우리가 천국에 간다는 사실을 확실히 알 수 있다고 말한다. 사도 요한은 말한다. "내가 하나님의 아들의 이름을 믿는 너희에게 이것을 쓰는 것은 너희로 하여금 너희에게 영생이 있음을 알게 하려 함이라"(요일 5:13). 요한은 우리가 천국에 간다고 확실히 알기를 원했다. 그럼 어떻게 우리가 그 사실을 확신할 수 있는가? 분명히 우리의 선함에 의지해서는 그렇게 할 수 없다.

요한은 우리가 이를 알 수 있는 방법도 설명한다. "또 증거는 이것이니 하나님이 우리에게 영생을 주신 것과 이 생명이 그의 아들 안에 있는 그것이니라 아들이 있는 자에게는 생명이 있고 하나님의 아들이 없는 자에게는 생명이 없느니라"(요일 5:11-12). 요한의 설명은 간단하다. 우리에게 예수님이 있으면 생명이 있다. 우리에게 예수님이 없으면 생명이 없다. 영생은 하나님이 거저 주시는 선물로서, 하나님의 아들로 포장되어 우리에게 온다. 우리가 예수 그리스도를 영접하면, 그분과 함께 생명을 받는다. 우리가 예수님께 등을 돌린다면, 바로 우리는 천국에서 등을 돌리는 것이다.

당신이 이 사실을 이해할 수 있다면 왜 그리스도인이 천국에 간다고 확신할 수 있는지를 이해한 것이다. 천국에 이르는 일이 우리의 노력에 달려있다면 언제나 불확실한 상태로 있을 수밖에 없다. 하지만 천국을 값없이 선물로 받았다면 우리에게 천국이 있음을 확실히 알 수 있다. 우리가 우리의 모든 부패함을 예수님께 맡기고 그분의 온전한 선하심을 입은 것처럼 우리는 확실히 천국을 받았다. 우리는 은혜로 거저 주신 선물인 의의 호심경을 착용했기 때문에 우리의 영원한 미래를 전적으로 확신할 수 있다. 하나님의 의와 구원의 확고한 소망은 이사야서에서 그랬듯, 우리 삶에서도 함께이다.

분명한 확신

그렇기에 우리가 천국에 간다고 확신하는 데 있어서 우쭐할 것이 없다. 사실 우리는 천국의 소망을 자신의 선함에 두려고 할 만큼 터무니없이 교만하다. 하지만 우리의 구원이 그리스도를 믿는 단순한 믿음에서 오는 값없는 선물이라면, 그러한 진리를 안다고 주장하며 자만할 게 아니다. 우리는 그저 약속의 말씀으로 하나님을 붙들 뿐이다. 어쨌든 하나님이 우리에게 구원을 주셨다면 누가 그것을 낚아챌 수 있겠는가?

당신이 멋진 새 산악자전거를 선물로 받은 어린아이라고 상상해보라. 주위에 불량한 이웃들이 많다면 혼자 자전거를 타고 다닐 자신이 있겠는가? 자신보다 덩치가 큰 누군가가 와서

훔쳐가지는 않을까 두려워할 것이다. 하지만 키 195센티미터에 몸무게가 135킬로그램의 근육질에 전직 대학 복싱선수인 아빠랑 함께 있다고 생각해보자. 그러면 누가 당신을 귀찮게 하겠는가? 당신은 누구를 두려워하겠는가? 제정신이라면 누구도 당신의 아빠와 싸우려 하지 않을 것이다.

조금 더 나가보자. 앞의 여러 장에서 말했듯이 우리는 자신감을 가지고 하나님의 갑주를 입을 수 있다. 예수님이 우리를 위해 갑주를 먼저 입으셨기 때문이다. 이사야 59장 17절에서 의의 갑옷을 입고 구원의 투구를 머리에 쓰신 분이 바로 주님이시다. 이는 예수님이 우리 대신 완전히 의롭고 흠 없는 삶을 사셨을 뿐 아니라, 우리 대신 끝까지 소망을 품으셨다는 뜻이기도 하다. 예수님은 아버지의 온전한 돌봄 가운데 그의 소망을 지키면서 시험과 고난을 견디는 것이 무엇인지를 아신다. 나는 어려운 상황에서 정신을 놓고 두려움에 빠져 쉽게 소망을 잃지만, 히브리서는 예수님이 고난으로 순종함을 배우셨고(5:8), 또 그 앞에 있는 기쁨을 위하여 십자가를 참으사 부끄러움을 개의치 아니하셨다(12:2)고 전한다.

예수님의 소망은 이미 검증되었다. 그는 지금 아버지의 오른편에 앉아계시고(12:2), 자기에게 순종하는 모든 자에게 영원한 구원의 근원이 되시기 때문이다(5:9). 한때 가시관이 씌워졌던 그의 머리는 영원한 영광으로 장식되어 있다. 예수님이 하나님의 갑주를 먼저 입으시고 흠 없는 삶을 사심으로 완전한 의를 이루시고 대속의 죽음으로 우리의 구원을 쟁취하셨기 때문에, 우리는 이제 구원의 소망의 투구를 자신 있게 쓸 수 있다. 우리의 구원은 이미 그리스도로 말미암아 성취되었고, 우리를 기다리는 것은 그저 그 구원을 온전히 수확하는 일이다.

### 보호와 담대함

이런 굳건한 소망은 실용적인 투구다. 투구는 군사를 총알과 충격에서 보호한다. 마찬가지로 구원의 소망은 어렵거나 힘든 시기에 그리스도인을 실질적으로 보호한다. 구원의 소망은 낙심과 절망에서 그리스도인을 지킨다. 영광스럽고 안전한 유산이 당신을 기다리고 있는데 왜 현재의 어려운 상황에 낙심하는가?

내일 당신이 편지를 두 장 받는다고 해보자. 한 편지를 보니 호주에 사시는 고모할머니인 프레다가 돌아가시면서 당신에게 100억 원을 남겼다는 내용이었다. 그런데 같은 우편함에 있는 다른 편지에는 5만 원짜리 주차 위반 고지서가 있었다. 두 편지 중에 어떤 편지가 당신의 하루를 결정하겠는가? 분명하고도 확실한 100억의 소망인가 아니면 5만 원이라는 현재의 우울함인가?

당신이 나와 같다면, 현재 당하는 5만 원이라는 위기가 쉽게 승리를 거둘 때가 많을 것이다. 바울은 고린도후서 4장 17절에서 오늘의 위기가 "잠시 받는 환난의 경한 것"이라고 했지만, 전혀 가볍거나 순간적인 것으로 **느껴지지** 않는다. 그 고통은 삶을 규정하고 영혼을 부수는 짐처럼 느껴져서 견디기가 불가능해 보인다. 하지만 구원이라는 분명한 소망의 빛에 비추어 볼 때 비로소 이러한 짐들을 더 큰 관점에서 파악할 수 있다.

우리는 하나님이 고난을 통해 인내와 성품을 만들어내시며 우리 삶에서 선한 일을 이루신다는 것을 안다. 하나님은 우리에게 말씀하신다. "내 형제들아 너희가 여러 가지 시험을 당하거든 온전히 기쁘게 여기라 이는 너희 믿음의 시련이 인내를 만들어 내는 줄 너희가 앎이라"(약 1:2-3). 우리가 겪는 고통이 단지 현재의 유익을 위한 것이라면 시험은 절망적일 수 있다. 우리 성품의 눈에 띄는 변화라는 점에서 시험이 언제나 즉각적인 열매를 가져오는 것은 아니기 때문이다. 우리는 종종 이전과 똑같이 죄를 짓고 인내와 믿음은 조금도 성장하지 못한 채로 쳇바퀴를 돌고 있는 것처럼 보이기도 한다. 하지만 소망은 더 위대한 현실이 아직 임하지 않았다는 사실을 일깨움으로써 우리를 격려한다. 그리스도 예수의 날에 하나님은 우리 안에 시작하신 선한 일을 완성하실 것이다(빌 1:6). 하나님이 이를 약속하셨고, 우리는 아닐지라도 하나님은 신실하시다.

구원에 대한 의심은 자연스럽게 당신을 절망으로 끝나는 궤도로 이끈다. 하나님께 당신의 궁극적 구원을 위한 열망과 그렇게 하실 능력이 있다는 사실을 의심한다면, 어떻게 하나님께 삶의 폭풍을 지나는 당신을 돌보시는 열망과 능력이 있다고 믿을 수 있겠는가? 하지만 소망은 가장 깊은 고통 가운데서도 당신을 붙들어 준다. 소망은 당신이 아프고 슬플 때 당신을 보호하고, 소망은 당신이 거절당하고 외로운 순간에도 당신을 지지하며, 소망은 당신이 낙담하고 우울할 때도 당신을 견디게 한다. 그리고 소망은 당신이 마지막 원수인 사망을 직면하게 될 때조차도 당신에게 힘을 준다. 사망은 최후 승리를 거둘 수 없다. 당신이 소망을 두고 있는 그리스도가 이미 승리하셨기 때문이다. 그는 죽은 자 가운데서 일어나 영광 속으로 올라가셨다! 예수님이 이미 사망을 패배시키고 당신의 자리를 천국에 마련하기 위해 대가를 치르셨다면, 당신이 삶에서 만나는 그보다 덜한 모든 시험과 어려움에도 그분이 이미 승리하지 않으셨겠는가? 사망조차도 당신을 예수 그리스도 안에 있는 하나님의 사랑에서 끊어낼 수 없다면, 질병, 실패, 학대, 깨진 관계, 재정적 어려움, 계속되는 죄와 두려움과의 싸움, 피조 세계에 존재하는 그 무엇도 할 수 없다!

이렇게 당신이 품은 구원의 소망은 하나님의 능력과 하나님이 당신을 돌보신다는 사실을 상기시킴으로 가장 깊고 어두운 인생의 골짜기에서도 당신을 보호한다. 물론 소망은 우리가 이 세상의 좋은 것들을 덜 의지하도록 용기를 주기도 한다. 그런 것들 역시 언젠가는 뒤에 두고 떠날 것이기 때문이다. 삶의 최저점과 마찬가지로 삶의 최고점도 예수 그리스도 안에 있는 우리의 구원이라는, 모든 것을 초월하는 영광에 비추어 볼 때 바른 관점에서 파악된다.

더욱이 투구인 소망은 하나님이 당신의 삶에 주신 소명을 신실하게 추구할 담대함을 준다. 때로 하나님은 자기를 위해 위험한 일을 하도록 우리를 부르신다. 또 때로 신실함이란, 아직 우리 눈에는 보이지 않는 열매를 주님이 언젠가 주시리라 신뢰하며 평범한 일들을 고집스럽게 되풀이하는 것 같기도 하다. 구원의 소망은 이 두 영역 모두에서 우리를 격려한다.

하나님이 우리를 위험한 순종으로 부르셨다면, 소망은 우리가 그분의 손안에 안전하다는 사실을 일깨워준다. 우리가 직면하도록 부름 받은 모든 도전과 위험도 하나님이 주관하신다. 그리고 하나님이 우리를 노력에 비해 눈에 보이는 열매가 잘 나타나지 않는 영역에서 신실하게 섬기도록 부르셨다면, 소망은 우리가 보는 것이 우리가 받게 될 전부가 아니라는 사실을 일깨운다. 하나님이 우리 대신 그리스도를 십자가로 보내실 정도로 우리를 사랑하신다면 하나님은 그의 부르심을 따라 신실하게 살아간 인생을 버리지 않으실 것이다.

하나님은 우리가 하나님을 섬기고자 하는 모든 노력 가운데 우리를 영화롭게 하겠다고 약속하지 않으신다. 어쩌면 하나님의 인도하심을 진실하게 따랐다고 하더라도 실제로 우리의 시도는 인간의 관점에서 실패로 끝날지도 모른다. 적대적인 상황 때문이든 우리의 죄 때문이든 우리는 결혼, 양육, 직장, 사역에 실패할 수도 있다. 하지만 주님은 그 외견상의 실패 가운데서도, 우리 안에서 그리고 우리를 통해서 자신을 영화롭게 하겠다고 약속하신다. 그리스도 안에서 우리의 노력은 궁극적으로 헛된 것이 될 수 없고, 그렇게 되지도 않는다. 비록 보이는 열매라고는, 우리를 은혜로 부르시고 은혜로 붙드시는 하나님께 감사하며 성장하는 한 사람의 삶, 즉 우리의 삶에 불과하더라도 말이다. 그리스도 예수 안에서 우리의 모든 필요를 공급하시는 하나님을 신뢰하며, 하나님을 향한 믿음으로 담대하게 한 걸음을 옮길 수 있다는 사실이 우리에게는 얼마나 큰 격려가 되는가!

또한 소망은 언젠가 죄는 뒤에 버려질 것이라는 사실을 깨닫고 죄에 저항하도록 우리를 격려한다. 하나님은 죄가 우리를 다스리지 못한다(롬 6:14)고 약속하셨다. 이 땅에서는 죄와 반복해서 씨름하고 또 넘어질 수도 있다. 그러한 죄를 '쉽게 빠지는 죄'(besetting sin)라고 한다. 성화를 위한 싸움은 종종 영화 "사랑의 블랙홀"에서 일어나는 일처럼 느껴진다. 이 영화에서 빌 머레이가 맡은 주인공은 어제와 똑같은 오늘에 갇혀 반복된 하루를 살게 된다. 하나님은 우리가 얼마나 심각하게 망가졌는지와 우리의 의지로는 변할 수 없는 철저히 무능력한 존재임을 가르치기 위해 일반적으로 이런 방법을 택하신다. 그로 인해 우리는 복음의 아름다움을 더욱 소중히 여기게 되는 것이다.

하지만 우리가 이 삶에서 아무리 많이 죄와 씨름하고 실패한다고 할지라도 우리의 실패가 결정적인 것은 아니다. 가장 중요한 것은 하나님이 그리스도의 완전하심으로 우리를 옷 입히시고, 우리 안에 계신 성령님이 일하신다는 사실이다. 하나님은 그리스도 안에서 우리를 온전하게 하실 것이라고 약속하셨고, 또 그렇게 하실 것이다! 소망은 우리에게 현재의 고투를 견딜 거룩한 인내심을 주신다. 더불어 현재 우리의 약함에 대해 거룩한 갈급함을 주셔서, 우리는 점차 바울이 "이 사망의 몸"(롬 7:24)이라고 한 것을 끝내고 거룩함과 순전함 가운데 온전히 새롭게 되기를 열망한다.

### 투구를 쓰다

많은 사람이 지옥에 가는 것만은 피하고 싶어 하지만 동시에 이 세상이 주는 것에 안주하면서 행복해한다. 돈을 좀 벌고, 친구와 가족이 있고, 만족을 찾는 방법만 있으면 그것으로 충분하다. 그들이 구하는 바는 그저 지금 최고의 삶을 사는 것이다. 하지만 그리스도인인 우리는 언젠가 하나님의 임재 안에 영원히 살게 된다는 소망이 있다. 우리는 온전하게 될 것이고 그분 앞에서 살아가기에 적합해질 것이다. 얼마나 영광스러운 기대인가! 나는 나의 약함, 나의 죄성, 다른 이에 대한 부족한 사랑, 교만, 미지근한 마음을 없애고 싶다! 나는 언젠가 그렇게 되리라는 사실을 안다. 그리고 그날이 속히 오기를 원한다.

당신도 이러한 소망이 있는가? 그렇다면 그 소망은 당신이 지금 그러한 삶을 살기 위해 애쓰도록 만들 것이다. 열정을 가지고 당신의 소망을 추구하라! 당신이 천국에서 되기 바라는 모습대로 현재의 삶에서도 거룩해지도록 최선의 노력을 다하라. 당신을 저지하는 것들은 제쳐두라. 세상적인 야망과 열망, 당신이 좋아하는 죄, 당신 마음에 하나님보다 더 자리를 차지하고 있는 것들 말이다. 그리고 목표를 향해 밀고 나가라. 당신의 소망에 걸맞게 살아가라! 하지만 당신이 품은 소망의 근거는 당신이 지금 추구하는 성화의 성공에 있지 않고, 하나님의 주권적이고 완전한 역사에 있다는 사실을 언제나 기억하라. 그 역사의 속도와 과정은 당신이 아닌 그분의 손에 달려있다.

어떻게 타다 남은 재와 같은 우리 소망을 일으켜 우리 삶에 불타오르는 생명력이 되게 할 것인가? 그 핵심은 분명히 우리가 받은 구원의 영광을 기억하고 자주 생각하는 것에 있다. 주차위반 고지서가 날아왔다고 100억 원의 유산을 잊는다면, 당신의 소망은 당신을 지키기 위해 아무것도 할 수 없다. 하지만 당신이 날마다 모든 순간을 백만장자로서 살아갈 새로운 삶을 생각하고, 계획하고, 궁금해하고, 시각화하는 데 사용한다면, 주차위반 고지서 때문에 절망의 소용돌이에 빠지는 일은 덜 일어날 것이다.

이런 일은 우리 삶의 다른 영역에서도 일어난다. 신부가 될 사람은 종일 웨딩 잡지를 살펴볼 것이다. 순백의 드레스와 약지에서 반짝이는 반지를 꿈꾸고, 꽃장식과 축가를 상상할 것이다. 심지어 굳이 약혼자가 있어야 하는 것도 아니다. 어쩌다 지하철에서 잘생긴 총각이 한 번 웃어주기만 하면 이 모든 상상의 나래가 펼쳐진다! 그렇다면 천국의 소망은 얼마나 더 끊임없이 우리의 생각을 깊이 사로잡아야 하겠는가?

천국이 어떤 모습인지 이야기하는 성경 구절들을 연구하라. 당신의 생각을 복음으로 넘쳐나게 만드는 책을 읽고 설교를 들으라. 하나님 앞에서 그분의 임재를 영원히 즐거워하는 것이 어떨지 생각하라. 하나님이 당신에게, 그리고 당신 주위 사람들에게 다음과 같이 놀라운 말씀을 하신다고 상상하라. "환영한다. 사랑하는 아들딸아. 너를 위해 죽으신 그리스도와 함께 네 유산에 참여하라." 당신이 주님의 식탁에 나아갈 수 있도록 치르신 구원의 대가가 얼마나 큰지 매번 묵상하라. 당신의 구원을 위해 그분의 몸이 부서졌고, 당신의 소망을 뒷받침하는 새로운 언약의 토대로서 그분이 피를 흘리셨다. 그분에게 당신이 얼마나 많이 용서받았는지, 심지어 오늘도 얼마나 큰 용서를 받았는지 상기하라. 예수님이 지금도 왕 되신다는 사실을 깊이 생각하라. 그분은 지금도 하늘에서 통치하시며, 언젠가 모든 무릎이 그 앞에 꿇게 될 것이다.

이 진리들을 상기해서 구원의 소망이 삶에 스며들어 현재 상황을 바라보는 당신의 관점을 형성하도록 하라. 그러면 시험 한가운데서도 담대함이 생기며, 큰 박해와 자신의 약함을 직면해도 자신감이 생길 것이다. 구원의 소망이라는 투구를 쓰라. 그리스도 안에서 당신이 의롭게 되었다는 확실함과 당신 안에 선한 일을 시작하신 분이 그리스도 예수의 날에 당신을 온전하게 하시리라는 굳건한 확신에서 오는 기쁨과 담대함을 경험하라.

### 더 깊은 묵상을 위하여

1. 하나님이 당신을 천국에서 맞아주실 것이라는 소망의 근거는 무엇인가?

2. 왜 모든 그리스도인은 자신의 구원을 확신해야만 하는가? 그럼에도 불구하고 왜 그리스도인은 그런 확신과 씨름하는가?

3. 당신의 천국에 대한 소망은 어떻게 시험에 처한 당신을 격려하는가? 그런 일이 나타났던(또는 나타나야만 했는데 나타나지 않았던) 최근의 경험을 떠올려보라.

4. 삶의 어떤 영역에서 천국 소망이 주는 담대함이 필요한가?

5. 예수님이 끝까지 소망하셨다는 사실은 왜 당신에게 좋은 소식인가?

The Whole Armor of God

# 7
# 성령의 검

이사야 49:2, 에베소서 6:17

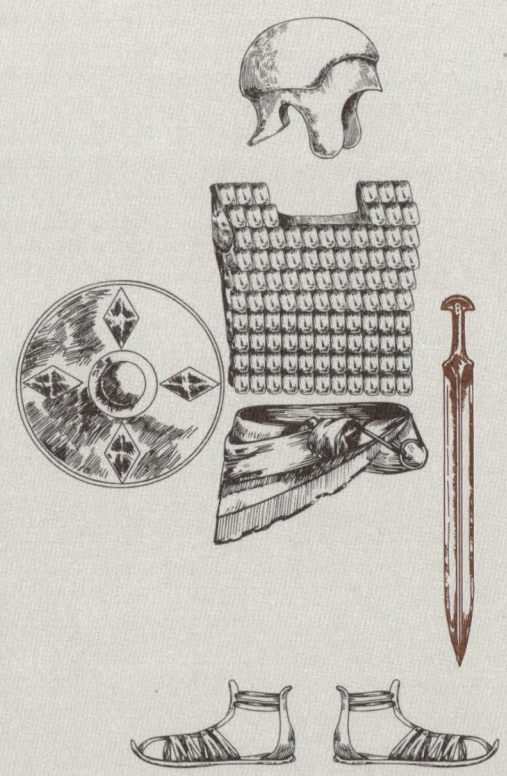

지난 이천 년 사이 전쟁 방식은 엄청나게 변했다. 현대의 전쟁은 대부분 안전한 거리에서 임상적 효율을 근거로 행해진다. 레이저 유도 스마트 폭탄, 크루즈 미사일, 드론 등이 있다. 어떤 면에서 오늘날 군인은 도화선에 불만 붙이고 멀리 떨어져 있으면 된다. 하지만 전쟁이 언제나 그런 식은 아니었다. 전쟁은 얼굴과 얼굴을 맞대고, 눈과 눈을 마주보고 벌이는 일이었다. 45미터 정도 거리에서도 사람을 죽일 수 있는 궁수도 있었고 물매나 창을 던지는 군사도 있었지만, 싸움은 대부분 근접 거리에서 칼이나 곤봉으로 이뤄졌다. 전투는 격렬했으며 혼란스러웠고, 무엇보다도 매우 개인적으로 이루어졌다. 너와 나, 사람 대 사람, 얼굴과 얼굴을 맞대는 식이었다.

우리는 대부분 우리의 영적 전투도 현대적이기를 바란다. 하나님이 '성령의 대륙간 탄도미사일'을 갖춰주시거나, 아니면 적어도 '성령의 휴대용 방공미사일' 정도는 무기로 주시기를 바란다. 우리는 영적인 문제에 대해 즉각적이고 편안한 해결책이 있기를 바란다. 안락의자에 깊숙이 앉아서 텔레비전 채

널을 바꾸듯 쉽게 우리 죄를 해치우기를 소원하는 것이다. 하지만 불행하게도 그리스도인의 삶은 그런 식으로 돌아가지 않는다. 하나님의 전신 갑주 중 마지막은 첨단 기술을 갖춘 장거리 무기가 아니라 시대에 뒤떨어지는 투박한 단검이다. 우리가 유혹을 물리치고 거룩한 열매 맺는 삶을 살고자 한다면 일어나서 성령의 검을 들어야 한다는 뜻이다. 고대 전투가 그랬듯이, 성화를 위한 투쟁은 격렬하고 까다롭고 극도로 개인적이다.

하나님의 말씀

성령의 검은 하나님의 말씀인 성경으로, 하나님이 유일하게 권위 있게 그리고 단호하게 우리에게 말씀하시는 통로이다. 바울이 디모데에게 상기하듯이, "모든 성경은 하나님의 감동으로 된 것으로 교훈과 책망과 바르게 함과 의로 교육하기에 유익하니 이는 하나님의 사람으로 온전하게 하며 모든 선한 일을 행할 능력을 갖추게"(딤후 3:16-17) 한다. 바울은 주로 구약 성경을 이야기하는데, 당시 접할 수 있는 기록된 하나님의 말씀이 구약이기 때문이었다. 하지만 신약 역시 마찬가지다. 그리스도인으로 살며 굳게 서기 위해 우리는 하나님의 말씀을 알고 이해하며 삶에 적용해야 한다.

바울이 서로 관련 있는 물품으로 하나님의 전신 갑주 목록을 시작하고 마무리한다는 사실이 흥미로운 점이다. 바울은 진리의 허리띠로 시작하는데, 이는 다른 모든 장비의 기초가 된다. 그리고 이제 바울은 성령의 검, 즉 하나님의 말씀으로 결론을 맺는다. 하나님의 말씀에서 발견한 진리를 알고 적용하는 일은 문자 그대로 우리가 전장에서 버티기 위해 악전고투하는 이야기의 처음이자 끝이다. 우리는 주의 깊은 분석과 분별보다는 감정과 경험에 더 관심을 두며 스스로 '탈진리(post-truth) 시대'라고 부르는 때에 살아가고 있다. 이는 기독교가 이 시대 흐름에 대해 반문화적일 수밖에 없는 이유 중 하나다. 진리는 중요하다. 정확한 교리가 심오한 차이를 만든다. 그리고 성령의 검인 하나님의 말씀은 하나님의 진리로서, 악한 자에게 맞설 능력으로 주신 것이다.

성령의 검은 우리가 마귀에게 결정적인 한 방을 날리도록 받은 유일한 공격무기이다. 그리스도인의 갑주 중 나머지는 모두 본질상 방어적이다. 허리띠, 호심경, 신, 방패, 투구는 사탄의 공격을 피하거나 그로부터 보호하는 역할을 한다. 하지만 오직 한 가지만 사탄을 꿰뚫을 수 있다. 그것이 바로 하나님의 말씀이다.

## 숙련된 검 사용

그러면 검술의 대가이신 예수님이 어떻게 성령의 검을 사용하셨는지 살펴보자. 마태복음 4장에서 예수님은 광야에서 마귀와 대면하셨다. 예수님은 사십 주야를 금식하시면서 이스라엘 민족의 광야 여정을 몸소 재현하셨다. 그 금식 중에 마귀는 예수님께 세 가지 유혹을 던지는데, 각각은 이스라엘이 광야에서 마주하고 실패했던 유혹들을 그대로 반영한다.

먼저 사탄이 예수님께 말했다. "네가 만일 하나님의 아들이어든 명하여 이 돌들로 떡덩이가 되게 하라"(마 4:3). 이 유혹은 이스라엘이 음식이 부족하다고 불평했던 일을 떠올리게 한다. 다음으로 사탄은 예수님을 성전 꼭대기에 데려다가, "네가 만일 하나님의 아들이어든 뛰어내리라"(마 4:6)라고 한다. 이 말은 이스라엘이 주님을 시험하려고 했던 유혹을 재현한 것이다. 마지막으로 사탄은 예수님께 이 세상의 모든 왕국을 보여주며 "만일 내게 엎드려 경배하면 이 모든 것을 네게 주리라"(마 4:9)라고 말한다. 이 유혹은 거짓 예배를 드리려 했던 이스라엘의 유혹을 반영한다.

이 상황들은 예수님께 잘못된 수단으로 좋은 목적을 달성하라는 강력한 세 가지 유혹을 제시한다. 물론 음식을 원하고 하나님의 보호를 갈망하는 일은 전혀 잘못이 아니며, 예수님은 민족들을 통치하시기 위해 세상에 오셨다. 하지만 주목해야 할 중요한 점은 예수님이 세 가지 유혹에 대응하신 방법이다. 매번 예수님은 자기 검을 뽑으셨다. 세 번 모두 예수님은 악마에게 성경을 인용하셨다. 돌을 떡으로 바꾸라고? 성경에 기록되었으되 "사람이 떡으로만 사는 것이 아니요"(신 8:3). 뛰어내리라고? 기록되었으되 "너희의 하나님 여호와를 시험하지 말고"(신 6:16). 너를 예배하라고? 기록되었으되 "네 하나님 여호와를 경외하며 그를 섬기며"(신 6:13). 찌르고, 찌르고, 또 찔렀다! 그러자 마귀가 한동안 예수님을 떠나갔다고 한다(마 4:11). 성령의 검이 역사했고, 유혹을 효과적으로 물리쳤다.

이제 당신과 내가 평소 유혹에 대처하는 방식과 비교해보라. 마귀는 우리에게 와서 군침이 도는 유혹을 제시한다. 아마 무언가를 훔치거나 시험에서 부정행위를 할 기회일 수 있다. 어쩌면 결혼하기 전에 남자 친구와 자고 싶은 유혹일 수 있다. 아니면 마귀는 거짓말로 잘못을 덮자고 할 수도 있다. 또 우리는 다른 이의 죄로 그들을 판단하거나, 나에게 깊이 상처 준 사람을 미워하고픈 유혹을 받는다. 우리는 사탄에게 어떻게 반응하는가? 종종 이의를 제기한다고 하더라도 이 정도로 말하지 않는가? "그러다 걸리면 어떻게 하지? 내 친구들이 나를 어떻게 생각할까? 교회 사람들이 어떻게 생각하겠어? 아니야. 하지 않는 편이 낫겠어."

우리는 하나님의 말씀이 아닌 인간의 이성으로 사탄에게 답한다. 우리는 칼로 사탄을 찌르는 것이 아니라 베개를 휘두른다. 사탄은 우리보다 논쟁과 말다툼에 훨씬 능하다. 사탄은 수없이 오랜 세월 동안 이 짓을 해왔다. 사탄은 우리가 우리 자신을 아는 것보다 우리를 더 잘 안다. 이내 사탄은 우리가 발각되지 않을 것이고, 아무도 보지 않을 것이고, 모든 이가 그렇게 하므로 괜찮다고 설득할 것이다.

그러면 이제 우리가 이렇게 대답한다고 가정해보자. 성경에 기록되었으되 "도둑질 하지 말지니라"(신 5:19). 기록되었으되 '성은 결혼한 자들만을 위한 것이다'(창 2:24 참고). 기록되었으되 '사랑 안에서 참된 것을 말하라'(엡 4:15 참고). 이 말씀들은 유혹의 심장에 꽂아 넣는 강철과 같은 말씀이다. 마귀는 여기에 결코 답할 수 없다. 사실 그들에겐 답이 없다. 우리의 열망이 오로지 하나님이 말씀 안에서 드러내신 것을 알고 행하는 것이라면, 논란의 여지가 있을 수 없다. 걸리든 안 걸리든 중요하지 않다. 누가 우리를 보든 말든 중요하지 않다. 모든 사람이 그렇게 하든 말든 중요하지 않다. 문제는 하나님이 무엇이라고 말씀하셨는가이다. 하나님의 말씀은 마귀를 쫓아버리는 날카로운 검이다.

## 검술 훈련

칼집에 있는 검은 소용이 없다. 옷장에 걸린 진리의 허리띠로는 바지를 올려 입을 수 없는 것과 같다. 따라서 우리는 성령의 검, 즉 하나님의 말씀을 뽑아서 사용해야 한다. 우리는 하나님의 말씀을 읽고 공부하고, 암송하고, 묵상하고, 무슨 말씀을 하시는지 그리고 무슨 의미인지를 이해하고 그것들을 믿어야 한다. 그렇지 않으면 우리에게 아무 의미가 없다.

사탄이 좋아하는 전략 중 하나는 하나님의 말씀에 의문을 제기하는 것이다. "하나님이 정말로 그렇게 말씀하셨어?" 사탄은 에덴동산에서 우리의 첫째 부모인 아담과 하와에게 이 방법을 성공적으로 사용했고, 그 둘은 슬프게도 전혀 준비되어 있지 못했다(창 3:1). 사탄은 광야에서 예수님께도 그 방법을 사용했지만 성공하지 못했다(마 4:6). 우리는 첫째 부모처럼 준비되어 있지 않은 경우가 자주 있는데, 하나님의 말씀을 모르거나 사실로 믿지 않는 것이다. 전투가 한창일 때 검술을 배우려고 해서는 안 된다. 평화로운 때에 반복해서 검술을 연습해야 한다. 그래야 공격을 받았을 때 준비되어 있을 수 있다.

그러므로 날마다 하나님의 말씀을 들고 훈련하라. 성경이 당신의 걸음을 어떻게 인도하는지, 당신이 씨름할 때 뭐라고 가르치는지, 당신이 좋아하는 죄를 어떻게 직면하게 하는지,

어떻게 계속해서 당신이 그리스도와 복음으로 돌아가도록 가리키는지 보는 방법들을 찾아라. 작은 도전을 마주할 때마다 말씀이 일하게 한다면 큰 도전이 닥칠 때도 말씀이 어떻게 일하는지 알 수 있다.

둘째, 그 검이 누구의 것인지 기억하라. 성령님은 말씀의 궁극적인 저자이시며 우리가 말씀을 이해하고 적절하게 적용하도록 도우시는 분이다. 성경을 읽기 전에 기도하라. 성령님께 선생님이 되어 주셔서 읽는 것을 이해하고 말씀이 삶에 어떤 영향을 미치는지 깨닫도록 도와달라고 부탁하라. 성경이 당신의 특정한 죄에 어떻게 도전하는지 더 분명히 보게 해달라고 구하라. 당신이 말씀을 읽을 때 마음이 동하여 그리스도를 더욱 사랑하게 해달라고 구하라. 하나님의 말씀으로 당신이 품은 동기가 더욱 정결하게 해달라고 구하라.

요한복음 14장에서 예수님은 제자들에게 성령님이 진리의 영이라고 말씀하신다(17절). 성령님의 일은 모든 것을 가르치시고 예수님의 말씀을 기억나게 하셔서 우리가 이 문제 많은 세상에서 평안을 누리게 하시는 것이다(26절). 당신이 "성령님, 하나님의 말씀을 오늘 제게 열어주셔서 예수님을 보게 하시고 예수님을 향한 사랑으로 자라게 하시옵소서"라고 기도한다면 성령님이 기뻐하시는 일을 이루어 달라고 제대로 요청하는 것이다.

셋째, 다른 이에게서 배우고, 배운 것은 나누라. 성경 공부와 공동체 모임의 아름다움은 우리가 함께 하나님의 말씀을 배우는 것이다. 그러한 모임은 우리가 복음의 좋은 소식으로 충만해지도록 힘을 준다. 하나님은 그리스도인이 절대로 혼자 믿음의 길을 가도록 하지 않으셨다. 다만 공동체 안에서 함께 믿도록 하셨다. 또 성경은 마치 우리가 성경을 최초로 읽는 사람인 것처럼 연구해야 할 대상도 아니다. 성령님은 우리보다 앞서 살아간 이들의 마음과 생각에도 역사하셔서 우리가 그로부터 배울 수 있는 통찰력을 주셨고, 다른 믿는 사람의 마음과 생각에도 일하셔서 우리가 놓칠 수 있는 것들을 보여주신다. 우리가 동시대 사람들과 함께 성경을 읽고 과거의 위대한 해석자들이 닦아놓은 길 가운데 걸어간다면, 우리는 자신의 검을 더 효율적이고 솜씨 있게 사용하는 일에 익숙해질 것이다.

## 성령의 원예용 가위

하나님의 말씀은 적을 무찌를 때 사용하는 검일 뿐 아니라 하나님이 우리를 가지 치실 때 사용하는 원예용 가위이기도 하다. 검이 외적인 도전에 대처하도록 돕는다면, 가위는 우리 안에 있는 불필요한 가지를 다듬는 역할을 한다. 이 이미지는 예수님이 포도나무와 가지를 설명하신 말씀에서 나온 것이다.

예수님은 포도나무이시고 우리는 가지다. 우리는 예수님 안에 머물러야 하고, 그분의 말씀은 우리 안에 머물러야 한다(요 15:7). 이것이 우리가 그분께 풍성한 열매를 맺어 드리는 방법이다. 하지만 시간이 흐를수록 우리 마음은 온갖 종류의 잘못된 우선순위와 욕망으로 짓눌리게 된다. 이 세상의 압박 아래 우리의 에너지는 갖가지 방향으로 갈라지며 삶에서 정말로 중요한 것들을 놓치게 된다. 하지만 하나님은 훌륭한 정원사처럼 우리를 손질하신다. 불필요한 가지를 쳐서 우리가 에너지를 정말로 중요한 문제에 기울이도록 하시는 것이다.

하나님은 종종 시험이라는 방식으로 이 일을 행하신다. 삶이 평온할 때 우리는 쉽게 세상의 것들에 미혹된다. 하지만 하나님은 우리를 너무나 사랑하시기에 우리가 계속 눈먼 채 길을 가도록 두지 않으신다. 우리는 고난 가운데 더 큰 갈망을 품고 말씀을 향하게 되며, 말씀은 삶에서 정말 중요한 것들을 우리 눈앞에 들이댄다. 돈에 대한 염려로 마음이 산만한가? 성경에 기록되었으되 "사람이 떡으로만 살 것이 아니요 하나님의 입으로부터 나오는 모든 말씀으로 살 것이라"(마 4:4). 다른 사람이 가진 소유에 대한 질투로 마음이 흔들리는가? 기록되었으되,

내가 여호와께 바라는 한 가지 일

그것을 구하리니

곧 내가 내 평생에

여호와의 집에 살면서

여호와의 아름다움을 바라보며

그의 성전에서 사모하는 그것이라(시 27:4).

두려움 때문에 마음을 다잡지 못하겠는가? 기록되었으되 "무엇을 먹을까 무엇을 마실까 무엇을 입을까 하지 말라 …너희 하늘 아버지께서 이 모든 것이 너희에게 있어야 할 줄을 아시느니라 그런즉 너희는 먼저 그의 나라와 그의 의를 구하라 그리하면 이 모든 것을 너희에게 더하시리라"(마 6:31-33). 다듬어져 잘린 가지가 우리 발 주변에 쌓일수록 우리는 정말로 중요한 것을 향하게 된다. 바로 우리와 함께하시는 하나님의 임재와 그리스도 안에서 우리를 위해 예비된 영광스러운 유업을 바라보며 사는 삶이다.

### 성령의 수술칼

하나님의 말씀은 살에 대는 수술칼이기도 하다. 히브리서 저자는 이렇게 말한다.

하나님의 말씀은 살아 있고 활력이 있어 좌우에 날선 어떤 검보다도 예리하여 혼과 영과 및 관절과 골수를 찔러 쪼개기까지 하며 또 마음의 생각과 뜻을 판단하나니 지으신 것이 하나도 그 앞에 나타나지 않음이 없고 우리의 결산을 받으실 이의 눈 앞에 만물이 벌거벗은 것 같이 드러나느니라(히 4:12-13).

검은 외부의 적을 상대하며, 가위는 쓸모없는 가지를 쳐내고, 수술칼은 내면의 질병과 아픔을 잘라낸다. 수술칼은 마음을 수술할 때 사용된다. 때로 우리는 다른 사람의 문제에 너무 재빠르게 성경을 갖다 대며, 성경의 장과 절을 인용하며 왜 그들이 잘못되었는지를 보여주려고 한다. 하지만 하나님의 말씀은 상대편을 다루기 위한 것만은 아니다. 하나님의 말씀은 우리 자신의 마음을 씻기 위한 것이다.

하나님의 말씀은 우리의 존재 가장 깊은 곳까지 관통한다. 우리가 성경을 읽고 성경에 우리 자신을 드러낼 때 성경은 우리를 절개한다. 성경은 우리가 죄에 대해 찔림을 느끼게 한다. 성경이 그렇게 하지 않았으면 우리가 알지 못했을 의무들을 짚어낸다. 우리가 너무 당연하게 여기는 영역에서 우리에게 도전한다. 우리 영혼의 비밀스러운 영역까지 파헤치며 하나님의 면밀한 조사 앞에 우리의 있는 그대로의 모습이 드러난다. 그렇게 성경은 우리를 정결하게 한다. 하나님의 말씀이 임할 때, 우리의 결산을 받으실 그분의 눈앞에 모든 것이 벌거벗은 것같이 드러난다(히 4:13).

이는 분명히 죄에 맞서는 가장 강력한 방어책이다. 당신이 하는 모든 일을 하나님이 보신다는 사실을 알고 하나님의 임재를 의식하며 살아가는 것은 엄청난 변화를 가져온다. 연구 결과에 따르면 법원이 더 가혹한 판결을 내린다고 해서 반드시 범죄가 극적으로 감소하는 것은 아니다. 범죄자들은 자기가 잡힐 것이라고 거의 생각하지 않는다. 오히려 발각의 위험이 증가할 때 범죄는 현저히 감소한다. 자신이 보이지 않게 죄를 지을 수 있다고 생각하면 많은 이가 죄를 지을 것이다. 반면 모든 사람 앞에 노출된 상태로 죄를 지으려면 훨씬 더 뻔뻔해야만 할 것이다. 하나님의 말씀은 우리의 모든 삶이 하나님 앞에 노출된 상태로 살아가는 것임을 상기시킨다. 우리 삶에 하나님의 눈에 띄지 않게 무언가 숨길 수 있는 구석이라고는 존재하지 않는다. 하나님은 모든 것을 아시고 모든 것을 보신다. 그래서 하나님이 우리를 말씀으로 조명하실 때, 우리는 드러난 죄뿐 아니라 비밀스러운 죄도 깨닫게 된다.

이는 자기 의를 막는 강력한 보호책이기도 하다. 많은 사람이 주위 사람과 외적인 행동을 비교하며 말한다. "적어도 나는 저 남자보다는 낫지. 적어도 나는 저 여자가 한 끔찍한 짓거리는 안 해." 하지만 성령의 수술칼은 우리의 자기 의를 도려내신다. 우선 우리 각자의 마음 깊은 곳에 자리한 부패함을 드러내신 후에, 완전함이라는 하나님의 기준의 빛을 비추신다. 심판관이신 하나님 앞에서 우리는 변명의 여지가 없다. 하나님은 우리의 삶이 얼마나 잘못된 행동, 잘못된 생각, 잘못된 말로 가득 차 있는지 아신다. 다행히도 하나님은 종종 우리가 최악의 생각을 실행에 옮기지 못하도록 막아서신다. 하지만 하나님이 한순간이라도 우리를 지키시는 손을 거두신다면 우리는 분명히 가장 악독한 종류의 죄에 빠지고 말 것이다. 그 모든 죄악의 씨앗이 바로 우리 마음 안에 있다.

하지만 수술칼은 단지 상처를 내기 위한 목적으로 살을 베는 것이 아니다. 몸 전체를 구하기 위해 병든 부위를 도려내는 것이다. 따라서 성령의 수술칼도 그저 하나님이 우리가 피 흘리는 것을 보고 싶으셔서 베는 것이 아니다. 성령님은 죄뿐 아니라 의에 대해서도 세상을 책망하러 오신다(요 16:8). 말하자면 성경은 우리가 자기 의를 세우려고 시도했지만 완전히 실패했다는 사실만을 이야기하는 것이 아니라, 우리가 하나님께 거저 받은 선물인 새롭고도 전혀 다른 의를 이야기하고 있다. 하나님은 우리에게 이 새로운 의를 이식하기 원하신다. 물론 그렇게 하기 위해서 하나님은 우선 실패한 우리의 의를 제거하셔야 한다. 그래야 그 자리에 예수 그리스도의 완전한 의를 이식받을 수 있기 때문이다. 우리 마음에는 그 두 가지를 함께

둘 자리가 없다.

우리가 그리스도인이 될 때 일어나는 현상 중 하나는 자신의 선한 행위를 신뢰하지 않는 것으로서, 내 삶에서 가장 훌륭한 부분조차도 신뢰하지 않는 것이다. 그것들은 모두 성령의 수술칼로 잘려나가 드러나게 된다. 그렇게 우리는 우리가 했던 최고의 행위도 죄로 인해 병들었음을 보게 된다. 사람을 섬기고, 바른 일을 하고, 심지어 성경을 읽는 동기도 자아를 높이려는 야망으로 더럽혀져 있다.

예를 들어 우리가 아침 일찍 일어나 성경을 읽고 기도를 하는 주된 동기가 룸메이트나 배우자에게 좋은 인상을 심어주기 위한 것일 수 있다. 우리는 긍정적이고 자랑할만한 자아상을 더 빛내기 위해 아내와 가족을 사랑하는 것일지도 모른다. 정성을 다해 교회를 섬기는 것도 봉사할 때 따라오는 존경과 칭찬에 중독되어 있기 때문일 수 있다. 우리의 가장 고귀한 행위들 중 얼마나 많은 것들이 실제로는 가장 비열한 동기로 움직이고 있는가?

하지만 우리가 그리스도를 믿을 때 우리는 은혜로 값없이 주시는 선물인 새롭고 건강한 의, 즉 자기 의 대신 예수 그리스도의 완전한 의를 받는다.

예수님 그리고 성령의 검

하나님의 말씀인 성령의 검은 하나님이 우리를 위해 먼저 사용하신 그분의 무장 중 하나이다. 다시 한번 구약이 그 배경을 제공한다. 이사야 49장 2절에서 약속된 주님의 종이 말씀하셨다.

(주님이) 내 입을 날카로운 칼 같이 만드시고
나를 그의 손 그늘에 숨기시며
나를 갈고 닦은 화살로 만드사
그의 화살통에 감추시고

다른 말로 하면 주님이 그분의 종이 날카로운 심판의 말씀으로 무장한 전사가 되도록 준비시키신다는 뜻이다. 원래의 맥락에서 종은 이스라엘이다. 그들은 하나님의 신실한 종으로서 이방인에게 빛을 전할 준비가 되어야 했다. 하지만 이사야 시대에 이스라엘과 유다는 심판과 정죄 받을 것투성이였다. 그들은 주님의 종이라는 자격에 전혀 부합하지 않았다. 그래서 주님은 그분의 종을 보내셔서 이방인뿐 아니라 그들에게도 빛을 전하게 하셨다. 이 약속된 종은 역사적 이스라엘에 사명을 가지고 오신 새로운 이스라엘로서, 바로 예수님이시다.

예수님은 날카로운 심판의 말씀을 들고 이 세상에 오셔서 완전한 의에 미치지 못하는 모든 자를 정죄하실 수도 있었다. 사람들이 간음 현장에서 붙잡힌 여자를 예수님께 끌고 왔을 때, 예수님은 죄 없으신 유일한 분이기에 가장 먼저 돌을 던지실 수 있었다(요 8:1-11 참고). 예수님은 하나님의 말씀을 공격무기로 휘두르시며 우리의 실패, 망가짐, 죄를 드러내어 우리를 죽이실 수도 있었다. 예수님은 재림하실 때 흰 말을 타신 채 입에서 나오는 날카로운 검으로 민족을 심판하시는 전사로 오실 것이다(계 19:11-16).

하지만 예수님이 처음 오실 때는 하나님의 말씀을 검이 아닌 수술칼로 휘두르셨다. 예수님은 잃은 자를 찾고 구하러 오셨지, 대적을 파멸하려고 오지 않으셨다. 그분은 이방인에게 빛이 되시고 땅끝까지 복음을 전하기 위하여 오셨지(사 49:6), 그저 세상을 심판하러 오신 것이 아니었다. 이러한 구속 사역은 그 어떤 전투보다도 대가가 크고 고통스러웠다. 주님의 종은 이사야서에서 이렇게 한탄하셨다.

> 내가 헛되이 수고하였으며
> 무익하게 공연히 내 힘을 다하였다 하였도다
> 참으로 나에 대한 판단이 여호와께 있고
> 나의 보응이 나의 하나님께 있느니라(사 49:4).

그 종은 민족들에게 치유의 빛을 비추시기 위해 오히려 자기 백성에게 거절당하고 폭력을 당해야 했다. 우리의 죄악 된 영혼을 구하시기 위해 성령님의 날카로운 심판의 말씀이 예수님의 온전한 영혼을 찔렀다.

의를 이식받기 위해 우리가 값을 치르지 않는다고 대가가 없는 것이 아니다. 우리의 병든 자기 의를 제거하려면 우리는 전부 잘려나가야 한다. 그런데 예수님이 십자가에서 잘려나가셨다. 건강한 장기 기증자에게도 병에 걸린 장기 수용자와 마찬가지로 수술칼을 대야 한다. 건강한 사람의 피 흘림이 없으면 수용자는 나을 수 없다. 주님의 완벽한 종이신 예수님에게는 죄의 질병이 하나도 없으셨다. 예수님은 수술로 제거해야 할 잘못이 전혀 없으셨다. 그는 삶 자체가 하나님을 향한 완벽한 사랑이자 하나님의 영광을 향한 기쁨이었다. 그럼에도 불구하고 하나님은 예수님을 꺾어버리셨다. 마치 예수님이 우리의 가장 추악한 죄로 완전히 더럽혀지신 것처럼 말이다. 우리 죄로 인해 하나님의 말씀은 십자가 위에 계신 예수님을 철저히 정죄하셨고, 바로 그 십자가를 통해 우리는 죄에서 완전히 의로워질 수 있었다. 그런 후에 하나님은 예수님을 죽은 자 가운데서 살리셔서 단번에 모든 수술이 성공했음을 증거하셨다. 의의 이식이 확실하게 이루어졌다. 예수님께 상처를 냈던 성령의 수술칼이 이제 우리를 온전케 하신다.

예수님이 하나님의 말씀을 휘두르기만 하시는 건 아니다. 예수님 자신이 하나님의 말씀이시다. 하나님의 말씀이신 예수님은 말씀으로 세상을 창조하셨다. 하나님의 말씀이신 예수님은 특유의 방식으로 아버지를 우리에게 나타내셨다. 하나님의 말씀이신 예수님은 이 세상에 대한 하나님의 최종적인 메시지(final communication)로 오셔서 아픈 자를 치유하시고, 잃은 자를 찾으시고, 망가진 자를 회복하시고, 버려진 자를 높이신다.

당신은 예수 그리스도를 통해 의를 이식받았는가? 그것만이 우리가 영생하는 유일한 소망이다. 하나님의 말씀은 원예용 가위, 수술칼, 검으로서 정결하게 하는 일을 하신다. 하나님께 서로 다른 이 세 가지 도구로 당신을 준비시켜 달라고 구하라. 각각은 세상과 육체와 마귀의 유혹에 맞서 싸울 때 우리를 돕기 위해 독특하게 만들어진 것들이다. 성령님이 말씀으로 역사하실 때 그 모든 성화의 능력이 당신의 삶으로 흘러 들어간다. 그리고 당신이 실패하고 넘어질 때마다 성령의 검은 복음이 여전히 진리이고, 그리스도의 능력이 충분히 당신을 안전하게 지키며, 마침내 천국의 기업을 누리도록 이끄신다는 사실을 다시 상기시켜 줄 것이다.

### 더 깊은 묵상을 위하여

1. 우리 문화에서 사탄은 어떤 방식으로 하나님의 말씀에 의문을 제기하는가?

2. 당신의 '검술 훈련'은 무엇인가? 당신은 유혹이 찾아올 때 준비되어 있도록 하나님의 말씀 사용법을 훈련하고 있는가?

3. 당신은 어떻게 하나님의 말씀을 검, 원예 가위, 수술칼로 경험했는가?

4. 예수님은 어떻게 우리 대신 성령의 검을 휘두르셨는가?

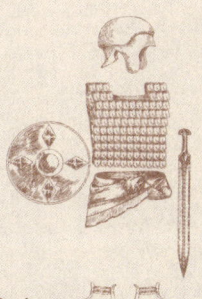

The Whole Armor of God

# 8

# 항상
# 기도하라

에베소서 6:18-20

현대 전투기는 대포와 미사일과 폭탄이 탑재된 두려운 무기이다. 하지만 전투기가 갑자기 전력을 잃는다면 어떻게 될까? 이론상으로는 아직 전투기의 무장이 전투기를 보호할 수 있을지 모르지만, 더 이상 조종사의 통제를 받지 않기 때문에 그 효율성은 영에 가까워진다. 전투기는 여전히 두려워 보일지 모르지만 실제로는 가치가 없다.

그리스도인 군사도 마찬가지다. 우리는 몇 장에 걸쳐 그리스도인이 악의 세력과 맞서 싸우도록 받은 갑주와 무기를 살펴봤다. 하지만 갑주를 착용하는 것만으로는 충분하지 않다. 당신이 하늘 아버지와 긴밀한 관계에 있지 않다면 하나님과 동행한다고 해서 현실적으로 큰 의미는 없을 것이다. 그래서 바울은 에베소인들에게 그리스도인의 무장을 논하면서 무장만으로는 충분하지 않다고 결론 맺는다. 무기는 조종사의 통제 아래에 있어야만 한다. 따라서 당신과 나는 하나님과 긴밀한 관계를 유지해야 하고, 그 수단이 되는 것이 바로 기도다. 기도는 그리스도인이 받은 무기와 같은 수준이 아니다. 기도는 모든 무장을 효율적으로 유지하고 하나님의 통제와 지도를 받는 방법이다.

## 기도는 어렵다?

많은 이가 기도를 힘들어한다. 나는 종종 무신론자 윌리엄 E. 헨리의 시 "인빅터스"(Invictus)의 주인공처럼 살아간다. 그는 이렇게 선언한다. "나는 내 운명의 주인이요, 나는 내 영혼의 선장이니." 이러한 태도는 더 큰 세상은 말할 것도 없고, 가족조차 내 뜻에 따르게 하거나 내 모든 변덕에 맞추도록 할 수 없는 현실에서 틀림없는 망상이다. 하지만 그러한 주장이 얼마나 우스꽝스러운 것인지를 분명하게 밝혀줄 일종의 개인적인 위기가 발생하지 않는다면, 나는 하나님과의 관계를 거의 생각하지 않고 며칠이고 혼자서 지낼 수도 있다.

내가 더 젊었을 때는 날마다 기도하는 시간을 구분하여 드리는 일에 더 열심이었다. 하지만 실제로 그때 내가 하나님을 더 의지했었는지는 확신하기 어렵다. 당시 나는 기도를 내 운명을 지배하고 내 영혼의 선장이 되는 수단으로 보았다. 적절한 방식으로 적당한 시간 기도하면 하나님은 반드시 내 삶을 더 순조롭게 돌아가게 하실 것이라고 믿었다.

그리스도인은 대부분 기도를 더 잘하게 되길 바란다. 제자들도 바로 그러한 요청을 가지고 예수님께 나왔다. 하지만 예수님은 제자들에게 글자 그대로 따라서 기도해야 할 신성한 글귀도, 특정 시간에 기도하라는 일정표를 주시지도 않았다. 다만 하나님과 날마다 대화할 때 지침이 될만한 유연한 형식을 주셨다(눅 11:2-4 참고).

마찬가지로 바울도 많은 종교에서 찾아볼 수 있는 딱딱한 형식이나 고정된 지침을 주지 않았다. 바울은 에베소인들에게 (그리고 우리에게) 모든 기도의 특징이 되는 네 가지를 이야기한다. 우리는 "모든 기도와 간구를 하되 항상 성령 안에서" 해야 한다. 그리고 "항상 힘쓰며 여러 성도를 위하여 구하"(엡 6:18)여야 한다. 이는 기도의 기술 또는 삶을 잘 돌아가게 하는 마법 공식 그 이상의 것이다. 우리 운명의 참된 주인이자 우리 영혼의 참된 선장이신 하나님께 완전히 의지하며 살아가는 삶에서 자연적으로 발현되는 기도이다.


영으로 기도하라

기도에서 가장 중요한 특징은 기도가 '성령 안에서' 드려져야 한다는 것이다. 우리도 바리새인처럼 보이기 위해 기도할 수 있다. 바리새인은 정해진 유대인의 기도 시간을 칼같이 지키며 최대한 많은 사람이 자신의 경건함을 볼 수 있도록 큰 거리 어귀에 서서 기도했다(마 6:5 참고). 우리는 거리에서 기도하지는 않지만, 아마도 다른 그리스도인들과 함께 기도할 때는 혼자 할 때보다 훨씬 열정적이고 열렬하게 기도할지 모른다. 또는 자신이 매일 아침 묵상을 한다는 사실을 다른 사람이 반드시 알아주기를 원한다.

때로는 기도가 그저 우리가 삶에서 원하는 무언가를 얻으려는 시도에 지나지 않기도 한다. 야고보는 말한다. "너희가 얻지 못함은 구하지 아니하기 때문이요 구하여도 받지 못함은 정욕으로 쓰려고 잘못 구하기 때문이라"(약 4:2-3). 야고보서의 맥락에서 보면 이런 종류의 기도는 탐욕을 위장한 것에 불과하다. 누군가는 자신이 원하는 것을 얻기 위해 싸우고 훔치지만, 어떤 이는 하나님께 자신이 필요하다고 여기는 것을 알리는 수단으로 기도를 악용한다. 자기가 기도했으니 하나님이 반드시 주셔야 한다는 식이다. 이런 기도는 영이 아닌 육으로 드린 기도이다. 하나님과 그리고 그분의 뜻과는 아무 관련이 없이 드린 기도로서, 그저 우리의 우상숭배 욕구에 기인한 것일 뿐이다.

영으로 드리는 기도는 하나님과 맺은 관계가 흘러나와 드러나는 것으로서, 하나님의 말씀에 뿌리를 내리고 근거를 둔다. 에베소서 6장에서 바울은 하나님의 말씀을 성령의 검과 동일시한다. 따라서 성령으로 드리는 기도는 그 말씀의 이해에서 흘러나온다. 유다도 "너희의 지극히 거룩한 믿음 위에 자신을 세우"는 일과 "성령으로 기도"(유 1:20)하는 것을 연결하며 이 점을 지적한다. 하나님과의 강력한 관계와 성령으로 드리는 기도는 함께 가는 것이다. 이러한 기도는 신비스러운 경험이 아니라 성령님이 일으키시고 인도하시는 기도다.

거의 모든 사람이 위기를 당하면 기도한다. 죽음이 가깝거나, 자신의 능력이 역부족임을 느낄 때, 어려운 시험을 앞두거나, 정밀검사 결과를 기다릴 때 등등 말이다. 하지만 그런 기도 이면에는 하나님과 실질적인 관계가 전혀 존재하지 않을 때가 있다. 그런 사람들은 하늘에 계시는 아버지께, 그분의 신실함에 상황의 결과를 의뢰하며 기도하지 않는다. 오히려 알지 못하는 어떤 신이 불분명한 이유로 자신에게 무언가를 베풀어주기를 바라며 기도한다. 하나님의 자녀만이 참되게 영으로 기도할 수 있다. 바울은 로마서 8장 14-16절에서 이렇게 말한다.

> 무릇 하나님의 영으로 인도함을 받는 사람은 곧 하나님의 아들이라 너희는 다시 무서워하는 종의 영을 받지 아니하고 양자의 영을 받았으므로 우리가 아빠 아버지라고 부르짖느니라 성령이 친히 우리의 영과 더불어 우리가 하나님의 자녀인 것을 증언하시나니.

당신이 그리스도인이라면 이미 성령을 받았다. 성령을 받은 그리스도인과 그렇지 못한 그리스도인이라는 서로 다른 수준의 그리스도인이 존재하는 것이 아니다. 당신이 그리스도를 믿음으로 하나님의 자녀가 되었다면 당신은 성령을 받은 것이다. 그래서 주님이 모든 제자에게 가르쳐주신 기도는 다음과 같이 시작한다. "하늘에 계신 우리 아버지…." 주님의 기도는 알지 못하는 신에게 부르짖는 것이 아니다. 만물의 창조자를 "아버지"라고 부르도록 허락하신 하나님과 맺은 개인적인 관계에 근거한다. 당신을 양자 삼으신 결과, 당신이 기도할 때마다 성령님은 당신이 하나님 가족의 일원이며 하나님의 임재로 나아올 수 있는 권리가 있음을 증언하신다.

아버지는 당신이 다가와 이야기할 때 즐거워하신다. 물론 항상 그런 느낌이 드는 것은 아니다. 때로는 허공에 대고 기도하는 것처럼 느껴질 때도 있고, 하나님이 당신을 왜 이렇게 대하시는지 의심이 들어 힘들 때도 있을 것이다. 하지만 당신이 느끼든 느끼지 못하든, 성경은 당신이 그리스도인이라면 하나님이 당신의 기도를 듣고 기뻐하신다는 사실을 알 수 있다고 말한다. 그분의 영이 당신 마음에 내주하시기 때문이다.

당신은 하나님의 자녀인가?

당신은 기도할 때 당신이 알고 신뢰하는 아버지께 나아가는가 아니면 전혀 낯선 이에게 나아가는가? 성경은 예수님이 오신 이유는 바로 우리가 하나님과 친밀하고 점점 더 깊은 관계를 맺게 하려 함이라고 말한다. "영접하는 자 곧 그 이름을 믿는 자들에게는 하나님의 자녀가 되는 권세를 주셨으니"(요 1:12). 물론 이 말씀은 우리가 본래는 하나님의 자녀가 아니라는 사실을 가정한다. 실제로 예수님을 영접하기 전 우리는 그와 정반대였다. 하나님은 우리가 생각하고 말하고 행하는 모든 잘못으로 인해 우리에게 마땅히 분노하셔야 했다. 우리가 하는 가장 고귀하고 선한 행위조차도, 완전하고 거룩하신 하나님 앞에는 결함투성이에 용납할 수 없는 일이다. 따라서 본질상 우리는 하나님으로부터 단절되고 소원하게 되었다고 느끼거나 그분의 임재로부터 끊어져 하나님께 기도할 수 없다고 느끼는 것이 **당연하다**.

하지만 하나님은 예수 그리스도 안에서 그분을 믿는 모든 사람에게 영생이라는, 놀라운 선물을 값없이 베푸셨다. 영생에는 사랑받는 자녀로서 하나님과 누리는 새로운 관계도 포함된다. 우리는 그분의 자녀로서 '성령으로' 기도할 수 있는 놀라운 특권을 누린다. 우리 안에 계신 성령님은 우리의 가장 깊은 열망과 갈망을 이해하시고 그것들을 하나님께 전달하시는 동시에 하나님의 친밀한 사랑과 돌보심을 다시 우리에게 전하신다.

결혼 생활에서 발생하는 소통의 문제가 보통은 더 깊은 곳에 있는 관계 문제의 증상인 것처럼, 기도의 문제는 근본적으로 기도 자체가 아니라 하나님과의 관계 문제이다. 나는 기도하는 일에 왜 굼뜬가? 기도하려고 하면 왜 그리 집중하기가 어려운가? 더 나은 기도의 기술을 배워야 하기 때문이 아니다. 하나님이 누구신지, 그리고 내가 그리스도 안에서 누구인지를 바르게 생각하고 느끼지 못하기 때문이다. 나를 아시고 몹시 사랑하시는 아버지께 마음을 다해 '성령으로' 기도하고 있지 않다면, 내게 관심이 있는지 없는지도 모르는 먼 신에게 애원하듯이 구는 것에 지나지 않는다.

응답받지 못한 기도

위기를 겪는 동안 기도하며 하나님께 달려갔는데, 바라는 응답을 받지 못했다면 당신은 어떻게 반응하는가? 병이 치유되지 않았다. 문제는 해결되지 않았다. 어머니는 돌아가셨다. 당신은 아직 일자리를 구하지 못했다. 당신은 여전히 혼자이고, 그토록 바라던 배우자나 자녀는 없다. 아니면 당신의 삶을 망치기로 작정한 것처럼 보이는 배우자나 자녀와 씨름하고 있다. 겉으로 보기에 응답받지 못한 기도는 혼란스러울 수 있다. 특히 당신이 기도하는 대상이 친구의 구원이나 특정한 죄를 이기기 바라는 기도처럼 좋은 것일 때는 더욱 그렇다. 하지만 이때야말로, 당신이 하나님과 맺은 실질적인 관계에 근거해서 기도했는지 아니면 기도를 그저 원하는 바를 얻게 해주는 효과적인 기술로 생각했는지 깨닫게 해줄 결정적인 순간이다. 하나님이 당신에게 원하는 것을 주지 않으실 때 하나님께 분노하는가? 당신이 실패자이기 때문에 하나님이 당신을 사랑하지 않는다고 결론 내리며 낙심하는가? 이것들은 우리가 마음에 품은 선한 열망이 계속 충족되지 않았을 때 나타나는 일반적인 반응이다.

하지만 성령님은 우리에게 다른 가능성을 가리키신다. 기억하라. 바울은 감옥에서 이 글을 썼다. 그는 말 그대로 복음 때문에 사슬에 매인 채였다(엡 6:20). 바울은 풀려나게 해달라고 기도하지 않았을까? 바울이 믿음 없이 기도했을까? 절대로 그렇지 않다! 오히려 이 비극적이고 고통스러운 경험은 하나님이 바울과 맺으신 지속적인 사랑의 관계 중 일부였다. 하나님은 바울이 그 상황을 통해서만 배울 수 있는 중요한 가르침을 주셨다. 바울은 하나님의 능력이 자기의 강함, 즉 바울이 믿음으로 위대한 일을 해냈을 때 완전하게 되는 것이 아니라는 사실을 보게 되었다. 오히려 그의 약함에서 하나님의 능력은 완전하게 되었다. 바울은 비록 자신이 로마의 감옥에 앉아 있지만, 하나님의 은혜가 자신에게 충분함을 배우고 있었다. 바울은 자신이 그저 로마의 죄수가 아니라 그보다 더 근본적으로 "그리스도 예수의 일로… 갇힌 자"(엡 3:1)임을 이해했다.

당신은 응답받지 못한 기도에 대해서 당신이 그리스도 예수 때문에 아프고, 그리스도 예수 때문에 실업자이고, 그리스도 예수 때문에 사별하고, 그리스도 예수 때문에 혼자이고, 그리스도 예수 때문에 파산했다고 말할 수 있는가? 물론 당신이 치료해달라고, 일자리를 달라고, 배우자를 달라고 기도해서는 안 된다는 말이 아니다. 하지만 하나님이 당신의 기도에 응답하지 않으신 것처럼 보일 때 반응하는 방식에는 엄청난 영향을 끼친다. 문제는 당신의 믿음이 부족한 것도 아니고 하나님의 손이 짧으신 것도 아니다. 하나님이 당신의 삶에서 당신의 성장과 성화를 위해 지금은 다른 길을 허락하신 것이다. 이는 약하고 고장난 가운데서 당신을 강하고 온전하게 하시는 하나님을 신뢰하라는 부르심이다.

성령으로 기도하는 일은 외롭고 암담한 인생길에 나타나는 도전들에 맞서는 수단이 된다. 당신이 기도할 때, 그 길을 결코 홀로 걷고 있지 않는다는 사실을 깨닫게 되기 때문이다. 하나님은 그의 영으로 언제나 당신과 함께 길을 걸으신다. 하나님은 성령으로 그 감옥 안에서도 바울과 함께하셨다. 하나님은 성령으로 어려움을 겪고 고군분투하는 당신과 함께하신다. 어두움과 고통과 외로움 가운데 기도할 때 당신은 성령님께 당신을 향한 한결같은 하나님의 사랑을 이해하고 경험하게 해달라고 구할 수 있다. 성령님께 하나님이 당신을 깊이 살피시고 당신에게 가장 유익한 것이 무엇인지 누구보다 잘 아신다는 진리를 마음에 불어넣어 달라고 구할 수 있다. 하나님은 당신이 자신을 사랑하는 것보다 훨씬 더 당신을 사랑하신다. 그리고 예수 그리스도를 보내셔서 십자가에서 당신 대신 죽게 하심으로 그 사랑을 입증하셨다. 당신이 기도할 때 성령님은 하나님이 그 헌신적인 사랑을 당신에게서 거두실 수 없고 거두시지도 않는다는 사실을 계속해서 생각나게 하신다. 당신이 그렇게 느끼든 느끼지 못하든 말이다. 또 당신이 기도할 때 성령님은 하나님이 당신에게 있는 모든 것을 가져가실 권리가 있음을 깨닫게 하신다. 그렇게 하는 편이 당신에게 최선이라고 여기신다면 말이다.

좋은 부모는 자녀를 무조건적으로 사랑한다. 하지만 그렇다고 자녀가 구하는 것을 모두 준다는 뜻은 아니다. 부모는 자녀에게 유익이 된다면 장난감 몇 개 또는 전부를 치울 수 있는 권리가 있다. 제조사가 독성 성분 때문에 자녀가 좋아하는 곰인형이나 이불을 리콜했다는 소식을 들었다면 당신은 그것들을 치우지 않겠는가? 물론 당신은 그것을 잃어버린 자녀의 슬픔과 상실감을 공감하며 아이가 눈물을 홍수처럼 쏟을 때는 아이를 안아 줄 것이다. 그래도 여전히 그것을 치워버리는 이유는 그렇게 하는 편이 자녀에게 가장 유익하다는 것을 알기 때문이다. 자녀가 사랑하는 장난감이 결국 자녀를 죽일 수도 있기 때문이다.

그렇기에 하나님 역시 때로 우리가 좋아하는 장난감을 치우신다. 그것이 우리의 영적 성장을 막기 때문이다. 하나님이 비열하거나 무정하셔서나 우리를 벌하시는 것이 아니다. 사실 그 정반대다. 그렇게 하시는 것이 그 순간에 우리를 위해 하실 수 있는 가장 사랑 넘치는 일이다. 그리고 우리를 의로 교육하시기에 절대적으로 필요한 일인 것이다. 따라서 '성령으로' 기도하는 사람은 응답받지 못한 기도에도 믿는 구석이 있다. 그들에게는 자신을 사랑하시는 하늘 아버지와 맺은 관계가 있다. 그들은 삶의 가장 어두운 순간에도 성령 안에서 하나님의 임재가 주는 편안함을 느낀다. 하나님이 기도를 전혀 듣지 않으시고 응답하지 않으신다고 느낄 때도 그렇다. 심지어 편안한 임재를 느끼지 못할 때라도 예수 그리스도로 인하여 하나님의 미소가 여전히 자신들에게 머물러 있음을 깨닫는다.

항상 기도하라

바울이 말하는 기도의 또 다른 측면 역시, 기도란 하나님과의 관계에 뿌리를 두고 있다는 근본적인 통찰에서 비롯한다. 그래서 바울은 모든 상황에서 기도를 드려야 한다고 말한다. 야고보는 이에 관해 그의 편지에서 다음과 같이 말한다. "너희 중에 고난 당하는 자가 있느냐 그는 기도할 것이요 즐거워하는 자가 있느냐 그는 찬송할지니라 너희 중에 병든 자가 있느냐 그는 교회의 장로들을 청할 것이요 그들은 주의 이름으로 기름을 바르며 그를 위하여 기도할지니라"(약 5:13-14). 기도는 고통이나 시련을 겪을 때, 아침이나 저녁에 정한 시간뿐 아니라, 삶의 가장 기쁜 순간에도 당신 삶에 드러나는 특징이 되어야 한다. 기도는 당신이 실제로 하나님과 얼마나 가까운 관계에 있는지를 보여주는 진단지 역할을 한다. 당신이 누군가와 가깝다면 그 사람과 정기적으로 소통하며 슬픔뿐 아니라 기쁨도 함께 나눌 것이다.

이에 반해 우리는 대부분 연방 정부와 가까운 관계가 아니다. 우리는 정부가 존재하며 우리 삶에 여러 방식으로 영향을 미친다는 사실을 알고 있다. 심각한 어려움을 당한 경우에는 국회의원을 찾아가서 특별청원을 할 수도 있다. "저 대신 워싱턴에서 중재에 나서주십시오" 또는 "국민이 당면한 이런저런 문제에 대해 뭐든 해주시오"라고 말할 수 있다. 우리가 원하는 바를 정부가 해줄 의향이 없거나 그렇게 할 수 없을 때면 화를 내거나 항의하는 편지를 쓸 수도 있다. 하지만 우리가 시험을 통과했다거나, 진급을 했다거나, 결혼했다거나, 자녀가 걸음마를 뗐다거나 하는 좋은 일이 있을 때 의원에게 먼저 사진을 보내야겠다고 생각하지는 않는다. 우리는 그 사람이 그런 일에 관심이 없다는 사실을 알고 있다. 하지만 좋은 부모라면 무엇보다도 이런 소식을 듣고 싶어 한다.

자녀들이 집에 오면 나는 아이들이 하루를 어떻게 보냈는지 듣고 싶어한다. 좋은 일이든 나쁜 일이든 별스럽지 않은 일이든 말이다. 세상을 떠들썩하게 하는 중요한 일이어야만 하는 것은 아니다. 나는 그저 아빠이기 때문에 관심이 있을 뿐이다. 내 자녀는 밤이고 낮이고 언제든 무엇이든 내게 문자를 보낼 수 있고, 또 그렇게 한다. 사실 자녀가 도움이 필요할 때만 내게 이야기한다면 나는 아빠로서 실패했다고 생각할 것이다. 나는 자녀들이 아빠가 자신들을 사랑하고 돌본다는 사실을 알아주길 원한다. 그리고 하나님이 당신과 내게 바라시는 관계가 바로 이런 것이다. 하나님은 우리가 모든 일에 기도하길 원하신다. 그것이야말로 자녀답게 하나님과 관계 맺는 것이기 때문이다.

자녀들은 자기 이야기와 요청 사항을 비축해 놓고 있다가 하루가 시작하거나 끝나는 삼십 분 동안만 얘기하지 않는다. 자녀는 무언가 이야기할 것이 있으면 즉시 부모님의 품으로 달려온다! 하나님 역시 그렇게 당신이 당한 어려움과 기쁨을 순간순간 그분과 나누기 원하신다. 좋은 일은 하나님과 함께 기뻐하고, 끔찍한 트라우마뿐 아니라 사소한 어려움과 불편함도 함께 나누는 것이다. 하나님이 당신의 삶에 관심이 아주 많으시다는 사실을 매순간 인식한다면, 당신은 온종일 온갖 감사와 요청을 재잘댈 것이다. 또한 쉬지 않고 일하시는 하나님의 손을 보면 볼수록 당신은 하나님께 더 많이 이야기하고 싶어질 것이다. 하나님이 막아주지 않으셨다면 당할뻔한 사고, 떨어져야 당연한데 붙었던 시험, 당신에게서 나온 것이 아닌 뜬금없이 다정한 생각. 그렇다. 심지어 때마침 생긴 주차 공간까지도 말이다. 당신이 하늘에 계신 아버지를 향해 눈을 연다면 당신 대신 끊임없이 일하시는 하나님을 더 많이 보게 될 것이다.

### 모든 기도와 간구를 하되

또 당신의 기도는 폭이 넓어야 한다. 한계를 벗어난 것이란 없다. 우리는 종종 우리의 작은 상상력과 믿음으로 기도를 제한한다. 우리가 큰일을 기도하지 않는 것은 마음 깊이 하나님이 큰일을 하실 수 있거나 하실 것이라고 믿지 않기 때문이다. 우리는 작은 죄인들이 그리스도인이 되게 해달라고 기도하지만, 정말로 큰 죄인이 그리스도인이 되도록 기도하지 않는다. 우리는 삶의 작은 죄들에 승리하게 해달라고 기도하지만 거대하고 몸에 밴 죄악의 습관에 대해서는 어떻게 기도할지 모른다. 우주에서 우리가 차지하고 있는 작은 모서리에 변화를 일으켜달라고 기도하지만 나라 전체나 전 세계의 변화를 위해 기도하지 않는다. **모든** 기도와 간구를 하는 대신 우리는 **작은** 기도와 간구만 한다.

아니면 그 반대로 피조 세계를 위해서 아주 거창하고 보편적인 말로 기도하지만, 삶에 나타나는 구체적이고 사소한 일들은 기도하지 않을 수도 있다. 우리는 하나님이 자질구레한 우리 생활에는 관심이 없다고 생각한다. 바울이 당신의 시각을 바꿔주기를! 우리가 섬기는 하나님은 삶의 아주 사소한 부분까지도 관여하시는 위대하고 강한 분이시다. 하나님은 날마다 광활한 우주의 구석구석을 유지하신다. 하나님은 나라들이 일어나고 멸망하게 하시는 동시에 우리 정원에 있는 다람쥐의 생활도 감독하신다. 그리고 놀랍게도 하나님은 우리의 기도를 통해 일하시기로 선택하셨다.

기도의 지평을 넓히는 한 가지 방법은 성경에 나오는 위대한 기도를 연구하는 것이다. 예를 들어 예수님이 요한복음 17장에서 드리신 대제사장의 기도를 생각해 보라. 예수님은 죽기 전날 밤 매우 구체적인 몇 가지 제목을 두고 기도하셨다. 첫째, 예수님은 아버지가 자신을 영화롭게 해주실 것을 기도하셨다. 따라서 우리 역시 아버지가 우리의 삶 안에서, 또 우리 삶을 통해서 예수 그리스도를 영화롭게 해달라고 기도할 수 있다. 우리가 강할 때나 약할 때나, 우리가 건강할 때나 병들었을 때나, 우리가 부유할 때나 가난할 때나 말이다. 예수님은 또 자기 제자들, 그리고 제자들의 증언을 통해 믿게 될 자들을 아버지가 안전하게 지켜주시고 하나가 되게 해달라고 기도하셨다. 따라서 우리는 우리 자신과 교회를 위해 기도할 수 있다. 우리가 그리스도 안에서 안전하고 하나가 되도록 말이다.

예수님은 또한 아버지가 제자들을 진리로 거룩하게 해달라고 기도하셨다. 그래서 우리는 날마다 거룩해지고 진리를 아는 지식에 자라나게 해달라고 하나님께 기도할 수 있다. 말씀에 영감을 주신 성령님이 우리를 말씀에 따라 살아가는 데 지혜롭고 유능하게 해주시길 기도할 수 있다. 그리고 예수님은 궁극적으로 우리가 하늘에서 예수님과 함께 하나님의 영광을 보게 해달라고 기도하셨다. 따라서 우리가 아무리 약하고 망가졌을지라도, 이 땅에서 살아가는 동안 신실하게 인내할 수 있도록 하나님의 능력 주시길 기도할 수 있다. 그리고 하나님께 우리와 똑같이 약하고 넘어지는 다른 이들을 붙들어달라고 기도할 수 있다. 이 예수님의 기도를 숙고하다 보면 아버지 앞에 올려드릴 새로운 간구과 요청을 배우게 될 것이다.

우리 기도는 단지 크거나 작아야만 하는 것은 아니다. 세계를 포괄하고 모든 성도를 위해 기도할 만큼 넓기도 해야 한다. 많은 나라에서 교회가 매우 급속히 성장하고 있다. 교회가 계속해서 성경에 충실하려면 우리의 기도가 필요하다. 또 그리스도인이 박해받는 소수의 다른 지역에서는 그들이 믿는 바에 굳건히 서도록 우리 기도가 필요하다. 또 세상에 있는 우리의 형제와 자매들을 위해서도 기도해야 한다. 바울이 복음을 선포하는 일을 신실하게 행하기 위해 에베소인들의 기도가 필요했다면 현재 전 세계에 있는 목회자들과 선교사들은 얼마나 더 많은 기도가 필요하겠는가?

우리의 소명은 그저 목회자와 선교사들을 위해 기도하는 것만도 아니다. 마치 우리 기도를 정말 필요로 하는 사람이 소수의 '슈퍼 그리스도인'인 것처럼 여겨서는 안 된다. 우리는 **모든** 성도를 위해 기도해야 한다. 바울은 그가 정기적으로 편지를 보내던 교회들에 그들을 위해 기도한다고 썼다. 당신은 한 번도 만난 적 없는 수많은 사람들에게 "당신을 위해 기도했습니다"라고 말할 수 있겠는가? 전 세계의 성도들만이 아니라, 바로 당신의 가족, 교회, 공동체 안에도 당신의 기도를 필요로 하는 사람들이 가까이에 있다.

## 우리를 위해 중보하시는 분

기도에 관한 몇몇 책을 읽으면 오히려 용기가 사라지고 내가 기도하기에 부적절한 사람인 것처럼 느껴졌다. 그래서 그 누구도 충분히 기도할 수 없다는 생각까지 했다. 하지만 기도란 관계의 발현이라는 개념으로 다시 돌아온다면 이야기가 달라진다. 만약 기도가 그저 성령님의 격려에 반응하여 하늘에 계신 내 아버지께 감사, 요청, 간구, 죄 고백, 회개를 외치는 것이라면 갑자기 기도가 그렇게 어려워 보이지 않는다. 쉬지 않고 성령으로 기도하기, 모든 기도와 간구를 드리기, 모든 성도를 위해 구하기 등을 기도의 직무로 생각한다면 당신은 곧 나가떨어지고 말 것이다. 하지만 위대한 왕의 자녀인 우리에게 기도란 그저 왕의 임재 안에서 살아가는 삶이다. 기도란 성령님의 인도하심을 따라 간구과 찬양 가운데 우리의 마음과 생각과 목소리를 그분께 한결같이 올려드리는 것이다.

더욱이 기도는 우리가 홀로 수행하는 업무가 아니다. 예수님은 당신과 내가 절대 할 수 없는 완벽한 기도의 삶을 사셨다. 끊임없이 아버지와 소통하며 다른 이를 중보하셨고 심지어 당신과 나같은 미래의 제자들을 위해서도 기도하셨다. 더욱이 그분은 지금도 당신을 위해 기도하신다. 히브리서 7장 25절에서 우리는 그리스도가 성부 하나님의 보좌 옆에 앉으셔서 자기 백성을 위해 중보하신다는 사실을 확인할 수 있다. 성령님 역시 우리를 위해 중보하시며 우리와 함께하신다. 로마서 8장 26절에서 바울은 우리가 무엇을 어떻게 기도해야 할지 모를 때 성령님이 직접 말할 수 없는 깊은 탄식으로 우리를 중보하신다고 한다. 그런 동행이 우리와 함께 있고 우리를 위해 기도하고 있다면, 아버지는 우리에게 가장 좋은 것을 정확히 주시지 않겠는가? 예수님의 끊임없는 기도가, 약하고 일관성 없고 종종 성의 없는 우리의 기도를 덮는다.

따라서 성령으로, 하늘 아버지와의 관계에서 흘러나오는 기도를 드려라. 때를 얻든지 못 얻든지, 모든 상황에서, 모든 기도와 간구를, 모든 성도를 위해 끈질기게 기도하라. 그러면 과연 바울이 에베소인들을 위해 기도했듯이 평안과 믿음을 겸한 사랑이 당신의 마음을 사로잡을 것이다. 그리고 가장 격렬한 전투 가운데서도 하나님의 은혜가 항상 당신과, 그리고 우리 주 예수 그리스도를 사랑하는 모든 이들과 함께할 것이다.

### 더 깊은 묵상을 위하여

1. 당신은 때로 어떻게 잘못 기도하는가?

2. 당신은 응답받지 못한 기도에 보통 어떻게 반응하는가? 응답받은 기도에는 어떻게 반응하는가?

3. 당신은 언제 "이 고난은 그리스도 예수를 위한 거야"라고 말했어야 했는가? 당신은 그 상황을 어떻게 대처했는가?

4. 당신은 모든 시간, 모든 기도와 간구를 해야 한다는 사실을 어떻게 스스로 일깨우는가?

5. 예수님이 계속해서 당신을 위해 기도한다는 사실은 당신에게 어떻게 격려가 되는가?

## 감사의 말

그리스도인의 무장에 관한 나의 연구는 오랜 과정을 거친 것이다. 그 초기 형태는 첫 교회 개척지였던 영국 옥스퍼드의 리디머 장로교회에서 1994년 여름에 했던 시리즈 설교였다. 그때 이후 캘리포니아의 앨리소 크릭과 폴브룩, 펜실베이니아 그로브 시티의 그리스도 장로교회, 펜실베이니아 글렌사이드에서 다시 이 주제로 설교를 했었다.

하지만 그 시작은 그보다 더 거슬러 올라간, 내가 신학대학원에서 읽었던 청교도인 윌리엄 거널의 위대한 17세기 고전 『그리스도인의 전신갑주』(The Christian in Complete Armor)였다. 나는 거널의 폭넓은 시각에 많은 도움을 받았다(비록 내 책은 상당히 짧고 더 집중되어 있기는 하지만). 그리고 그 과정에서 젊은 설교자인 나를 격려해주었던 다양한 회중에게도 깊은 감사를 전한다. 그 이후 내가 줄곧 집중했던 일은 모든 성경에서 **그리스도**를 설교하는 방법을 배우는 것이었다. 신약뿐 아니라 구약에서도 말이다.

이 목표를 추구하는 과정에서 나는 아내의 예리한 질문과 통찰력에 엄청난 도움을 받았다. 아내는 어떤 구절이든 그 하나님의 말씀이 듣는 이들에게 **좋은 소식**이 될 방법을 찾아내, 그리스도의 순종으로 가는 길을 가리키는 놀라운 능력을 가졌다. 나는 아내에게서 너무나 많이 배웠고 아내의 참을성 있는 지지와 날카로운 이해력이 아니었다면 분명히 지금 하는 일을 혼자 해낼 수 없었을 것이다.

리디아 브라운백은 원고를 보다 읽기 쉽게 만드는 일에 크게 도움을 주었다. 그리고 출판과정에 함께한 크로스웨이의 많은 이들에게도 감사의 말을 전한다. 그들과 함께 일하는 것은 큰 즐거움이었다.

마지막으로 내 아이들 웨인, 제이미, 샘, 한나, 롭, 로지는 모두 자라면서 이 설교를 적어도 한 번 이상 들었다. 그리스도께서 우리 대신 하나님의 갑주를 착용하셨다는 메시지가 이 세속적인 전쟁터에서 끊임없이 발생할 시험과 어려움 가운데 계속해서 아이들에게 힘이 되어 주기를 기도한다.

## 사명선언문

너희가 흠이 없고 순전하여……세상에서 그들 가운데 빛들로
나타내며 생명의 말씀을 밝혀 _ 빌 2:15-16

**1. 생명을 담겠습니다**

만드는 책에 주님 주신 생명을 담겠습니다.
그 책으로 복음을 선포하겠습니다.

**2. 말씀을 밝히겠습니다**

생명의 근본은 말씀입니다.
말씀을 밝혀 성도와 교회의 성장을 돕겠습니다.

**3. 빛이 되겠습니다**

시대와 영혼의 어두움을 밝혀 주님 앞으로 이끄는
빛이 되는 책을 만들겠습니다.

**4. 순전히 행하겠습니다**

책을 만들고 전하는 일과 경영하는 일에 부끄러움이 없는
정직함으로 행하겠습니다.

**5. 끝까지 전파하겠습니다**

모든 사람에게, 땅 끝까지, 주님 오시는 그날까지
복음을 전하는 사명을 다하겠습니다.


## 서점 안내

**광화문점**  서울시 종로구 새문안로 69 구세군회관 1층
02)737-2288 / 02)737-4623(F)

**강남점**  서울시 서초구 신반포로 177 반포쇼핑타운 3동 2층
02)595-1211 / 02)595-3549(F)

**구로점**  서울시 동작구 시흥대로 602, 3층 302호
02)858-8744 / 02)838-0653(F)

**노원점**  서울시 노원구 동일로 1366 삼봉빌딩 지하 1층
02)938-7979 / 02)3391-6169(F)

**분당점**  경기도 성남시 분당구 황새울로 315 대현빌딩 3층
031)707-5566 / 031)707-4999(F)

**일산점**  경기도 고양시 일산서구 중앙로 1391 레이크타운 지하 1층
031)916-8787 / 031)916-8788(F)

**의정부점**  경기도 의정부시 청사로47번길 12 성산타워 3층
031)845-0600 / 031)852-6930(F)

**인터넷서점**  www.lifebook.co.kr